BİR DEMET BAŞAK GİBİ

"Neden Birlik ve Karşılıklı Sorumluluk Bu Zamanın Çağrısıdır."

Michael Laitman

ISBN: 978-1-77228-090-6

© Laitman Kabbalah Publishers

YAZAR: Michael LAITMAN

www.kabala.info.tr

KAPAK: Laitman Kabbalah Publishers

BASIM TARİHİ: 2023

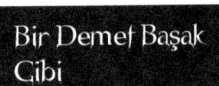

Michael Laitman

BİR DEMEK BAŞAK GİBİ

ÖNSÖZ

HAYAL VE GERÇEK
Bu Kitabı Neden Yazdım?

1946 yılı Ağustos ayında Beyaz Rusya'nın Vitebsk şehrinde dünyaya geldim. İkinci Dünya Savaşının bitiminden sonraki ikinci yazdı ve yaşam normalleşmenin hoş monotonluğuna doğru yavaşça ilerliyordu. Diş hekimi bir babanın ve jinekolog bir annenin ilk çocuğu olarak, çoğu arkadaşımı meşgul eden maddi kaygılardan uzak rahat bir ortamda büyüdüm.

Ama yine de tüm çocukluğum hatta gençliğim boyunca bir gölge beni takip etti. Bu var olduğu halde hiç söz edilmeyen soykırımın gölgesiydi. Öyle olmadığını bilmemize rağmen, kaybolan aile üyelerinin ya da dostların adları, hüzünlü bir ses tonuyla zikrediliyor ve onlara hâlâ daha bizimle beraberlermiş gibi gizemli bir mevcudiyet atfediliyordu.

Tuhaf olan ise Rus akranlarımın Yahudilere karşı gösterdikleri tepkiydi. Beraber büyüdüğüm çocuklar, sadece Yahudi oldukları için Yahudilerden nefret ederek büyüdüler. Aslında bir yıl önce Yahudi komşularının başına neler geldiğini biliyor, buna rağmen savaştan önceki aynı küçümseyici ve soğuk tavırlarını sürdürüyorlardı. Bu benim anlayamadığım bir şeydi. Neden bu kadar nefret doluydular? Yahudilerin onlara yaptığı bu affedilemeyen yanlış neydi? Yahudilerin yapabilecekleriyle ilgili bu korkunç hikâyeleri nereden öğreniyorlardı?

Tıp alanında kariyer yapmış bir anne-babanın oğlu olarak, beklendiği üzere bende tıp alanını kariyer olarak seçtim. İnsan bedeni sistemlerini inceleyen Biyosibernetik alanında öğrenim gördüm ve St. Petersburg Kan Araştırmaları

Michael Laitman

Bnei Baruch Eğitim ve Araştırma En

Bir Demet Başak Gibi

Enstitüsünde araştırmacı bilim adamı oldum. Kendimi İsveç'de Nobel Ödülünü gururla alırken hayal ederken, çok daha derin bir arzu benliğimin yüzeyine çıkmaya başladı. "Sistemi anlamak istiyorum", "Herşeyin nasıl işlediğini bilmek istiyorum" diye düşünmeye ve daha da önemlisi, dünyanın neden bu şekilde yürüdüğü sorusunu sormaya başladım.

Bir bilim adamı olarak, maddenin kütlesinin veya düşüş hızının hesaplanmasından ziyade, maddenin var olmasına sebep olan şeyi açıklayacak bilimsel cevapların arayışına girdim.

Bilimle bunun cevabını bulamayacağımı anladığımda, başka bir yöne döndüm. Rus Yahudilerin yurt dışına çıkma yasağı nedeniyle iki yıl izin almak için uğraştıktan sonra, 1974 yılında İsrail'e geldim.

İsrail'de de varoluşun nedenini aramaya devam ettim. İki yıl sonra Kabala çalışmaya başladım. 1979 Şubatında, Zohar Kitabı'nın tefsiri Sulam'ın (Merdiven) yazarı Baal HaSulam (Merdivenin Sahibi) olarak bilinen, Yehuda Leib HaLevi Aşlag'ın oğlu ve varisi olan hocam Rabaş'ı buldum.

Sonunda dualarım kabul olmuştu! Her gün, her saat yepyeni ifşalar açığa çıkıyordu. Realite bulmacasının parçaları yerli yerine oturuyor, hayret içindeki gözlerimin önündeki sis perdesi aralanarak dünyanın tüm resmi biçimlenmeye başlıyordu.

Hayatım değişti ve ben kendimi çalışmaya ve yapabildiğim ölçüde Rabaş'ın asistanlığına adadım. Günde birkaç saat çalışarak ailemi geçindirme şansına sahiptim, böylece geri kalan vaktimi bu ilmi mümkün olduğunca derin bir şekilde öğrenmeye ayırdım.

Bana göre bir rüyayı yaşıyordum. Mükemmel bir ailem, özgür hissettiğim bir ülkem vardı, zahmetsizce iyi bir

3

Michael Laitman

yaşama sahip oldum ve hayatım boyunca sorduğum tüm soruların cevabını buldum.

Bu sorularımdan biri, Yahudilere karşı duyulan nefretti. Kabala ile bunun nedenini, neden bunca zamandır sürüp gittiğini ve en önemlisi de bunu düzeltmek için ne yapılması gerektiğini öğrendim. Antisemitizm (Yahudi düşmanlığı), insanlığın kalbinde bir yara, yaklaşık 4000 yıl önce İbrahim Peygamber'in Babil'i terk etmesinden bu yana dünyanın taşıdığı iyileşmeyen bir acının yansımasıdır.

Kabala bana, İbrahim Peygamberin halkının birlik içinde olmasını ve tek lisan konuşmasını istediğini ve Babil'in o dönemdeki kralı Nemrut'un, İbrahim'in bu fikri yaymasını engellediğini öğretti. Zamanla ben de dünyanın şimdi ihtiyacı olan tek şeyin birlik ve İbrahim'in ailesi ve grubuyla beraber yaymaya çalıştığı işbirliği ve karşılıklı sorumluluk olduğunu ve Kral Nemrut'un İbrahim'in Babilli kardeşlerini yanına almasını engellediğini öğrenmiş oldum.

Bir sabah dersinde, hocam Rabaş'la, Baal HaSulam'ın "Zohar Kitabına Giriş" kitabını çalıştık. Kitabın sonunda Baal HaSulam şöyle yazmıştı: "Yahudiler dünyaya bilgiyi getirene ve birlik olmaya rehberlik edene kadar, dünya milletleri Yahudilerden nefret edecek, onları aşağılayacak ve onları İsrail topraklarından sürmeye çalışıp nerede olursa olsunlar eziyet edecekler." Bunu daha önce de okumuştum fakat o sabah bu sözler bende derin bir etki yaptı. Gelişimimin başka bir safhasına geçtiğimi hissettim.

O gün daha sonra, Tel Aviv yakınlarında küçük bir şehir olan Kfar Saba'da, saygıdeğer hocamın adının verildiği bir seminerine katıldık. Girişte Rabaş bana ağzına kadar el yazısıyla yazılmış kâğıt parçalarıyla dolu, orta büyüklükte bir karton kutu gösterdi. Benden bunu arabama koyup, evine götürmemi istedi.

4

Michael Laitman

Bir Demet Başak Gibi

Kutuyu bagaja koydum ve dönüş yolunda kutudaki kâğıtların ne olduğunu sordum. Mesafeli bir şekilde şöyle mırıldandı, "Baal HaSulam'ın bazı eski el-yazmaları." Ona baktım fakat o yola bakıyordu, ben de bütün yol boyunca sessiz kaldım.

O akşam, Baruh Aşlag'ın mutfağında ışıklar bütün gece boyunca açık kaldı. Titizlikle her bir kâğıdı okuyup sonunda daha fazla okumama gerek bırakmayacak kâğıdı bulana kadar, orada kaldım. Ne aradığımı bilmeden bulduğum şey, bulmacanın bir parçasıydı. Bir mihenk taşı, bundan sonraki yolumun ilk adımıydı.

Baal HaSulam'ın "Son Neslin Yazıları" kitabının bir bölümünde yer alan bulduğum bu kâğıt, ıstırap ve susuzluğun, sevgi ve dostluğun, kurtuluş ve bağlılığın öyküsüydü. Kâğıttaki sözler şunlardı: "Çölde susuz ve aç kalmış dostlarla ilgili bir alegori vardır. İçlerinden biri her türlü hazla dolu bereketli bir yer bulmuş. Geride kalan zavallı dostlarını düşünmüş ama onların nerede olduğunu bilmiyormuş... Belki zavallı aç dostları sesini duyup, bu bereketli yeri bulurlar diye yüksek sesle bağırmaya ve borazan çalmaya başlamış.

"Öyleyse önümüzde bir mesele var: tüm insanlıkla beraber berbat bir çölde kaybolduk ve şimdi Kabala kitapları sayesinde büyük, bereketli bir hazine bulduk. Onlar yakaran ruhlarımızı doyurup, bizi bolluk ve bereketle dolduruyor.

"Biz doysak da, çölde umutsuzca bekleyen dostlarımızın hatırası kalbimizin en derininde duruyor. Aradaki uzaklık çok büyük ve kelimeler yeterli değil. Bu nedenle borazanı öyle kuvvetli çalmalıyız ki kardeşlerimiz bizi duyup yanımıza gelsin ve bizim kadar mutlu olsun.

"Bilin ki kardeşlerim, Kabala ilminin özü, dünyanın yüce, eşsiz bir aşamadan nasıl bizim bayağı seviyemize indiğinin bilgisini taşır... Öyleyse Kabala ilminin içinde mükemmel

5

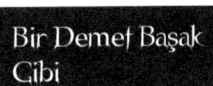

Bir Demet Başak Gibi

Michael Laitman

dünyaların, gelecekteki ıslahlarını bulmak çok kolaydır. Onun sayesinde yolumuzu nasıl düzelteceğimizi önceden bilebiliriz.

"Bundan on bin yıl sonraki insanları ve toplumları anlatan bir kitap bulduğunuzu hayal edin. Liderlerimiz bizim hayatımızı da onlar gibi düzenlemek için her tavsiyeyi dinleyecek, uygulayacak ve biz "uzaklardan seslenmek" zorunda kalmayacağız. İşte o zaman Istırap ve bozulma duracak ve herşey yerli yerine oturacak.

"Şimdi sevgili okurlar, bir dolabın içinde önünüzde duran bu kitap, tüm siyaset ilmini açıklıkla ortaya koyuyor ve geleceğe yön veriyor. Bunlar ıslah olmuş dünyaların resmedildiği Kabala kitaplarıdır... Bu kitapları açın ve onların içinde günlerin sonunda ortaya çıkacak olan tüm iyilikleri ve bugünün dünyevi meselelerini çözmek için gerekli dersleri bulun.

"Kendimi daha fazla engellemeyeceğim... Bu kitapları okuyarak ve özümseyerek bulduğum, nihai geleceğimizin ıslahının yolunu açığa çıkarmaya kararlıyım. Bu borazanı çalarak dünya insanlarına ulaşmaya karar verdim, şuna inanıyor ve tahmin ediyorum ki, çalışmaya ve derinlemesine araştırma yapmaya layık bu kitapların içindekileri bir araya getirmek yeterli olacaktır. Bu şekilde tüm dünya erdemlik derecesine erişecektir."

Bu kâğıtları bulduktan bir yıl sonra, hocamın rehberliği ve desteğiyle ilk üç kitabımı yayımladım. O zamandan bu yana birçok kitap yazdım ve Kabala'yı sayısız başka araçlarla yaymaya çalıştım.

Bugünün realitesi çok zorlu, Baal HaSulam'ın öngördüğü gibi artık insanların kitap okumak için arzusu ve sabrı yok. Ancak, ilmin özü, sevgi ve birlik realitenin temelini oluşturur ve onunla ilgilenenlere Kabala'nın aşıladığı şey, gerçeğin yoludur.

6

Michael Laitman

Bir Demet Başak Gibi

Yüzyılın başından beri, antisemitizm bir kez daha tüm dünyada yükselişe geçti. Yahudilere olan nefretin hayaleti her yeri sardı. Gizlice ve kin dolu bir şekilde yayılıyor. Tüm uluslar Yahudi olgusuyla korkutuluyor ve geçmişin nefreti tekrarlanıyor.

Fakat şimdi çaresini biliyoruz. Yahudilerin birlik olduğu her yerde yılan, başını saklıyor. Dostluk ve karşılıklı sorumluluğun ruhu, zorluklara karşı her zaman bizim "silahımız", kalkanımız oldu. Şimdi bu ruhu canlandırmak, onunla sarınmak ve sıcaklığının bizi iyileştirmesine izin vermek zorundayız. Bunu başardığımızda bu ruhu tüm dünyayla paylaşmalıyız, çünkü bu görev bizim -varlığımızın özü "diğer uluslar için bir ışık" olmaktır.

Ve böylece en derinlerdeki sorularımıza aradığımız cevaplar, antisemitizmin çaresi ve aynı zamanda hocamın ve onun yüce hocası babasının vasiyeti olduğu için, onlardan öğrendiklerimi detaylandırmaya karar verdim. Onlar bana Yahudi olmanın, kendini adamanın ve paylaşmanın ne anlama geldiğini öğretti. Fakat hepsinden önemlisi, onlar bana Yaradan'ı sevmenin ne demek olduğunu öğretti.

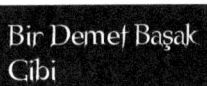

Michael Laitman

GİRİŞ

"Eğer insan eline bir demet ot alırsa, hepsini bir seferde kıramaz. Oysa her seferinde bir tane alarak, bir çocuk bile onları kırabilir. İsrail bir demet haline gelene kadar kurtuluş gerçekleşmeyecektir."

(Midrash Tanhuma, Nitzavim, 1.Bölüm)

Yahudilerin tarihi boyunca, birlik ve karşılıklı sorumluluk ulusun amblemi oldu. Atalarımız ve ruhani liderlerimiz bu iki özellikle ilgili olarak pek çok şey yazdı, bunu ulusumuzun ruhu ve kalbi olarak kabul etti ve kurtuluşun İsrail'in birlik içinde olmasıyla gerçekleşeceğini söyledi.

Aslında, birlik kavramı çok önemlidir, Yaradan'a bağlılık ve O'nun emirlerinin idrakinden kaynaklanır. Nesiller boyunca, hatırı sayılır birçok Yahudi lideri ve kutsal metin, herşeyin ötesinde birliğin önemine dikkat çekmiştir. Talmud'la yaklaşık aynı dönemde yazılan Masechet Derech Eretz Zuta'da sayısız ifade bu ruhla yazılmıştır: "İsrail putperest olsa bile ve aralarında barış varsa, Yaradan şöyle der: 'Onlara zarar verme arzum yok.'...Oysa aralarında savaşmış olsalardı, onlarla ilgili ne söylenirdi? 'Onların kalpleri bölünmüş; şimdi kendi günahlarını besleyecekler.'"

İkinci Tapınağın yıkılışından sonra birlik ve kardeşlik sevgisinin üstünlüğü zayıfladı. Diğer kaynaklarla beraber Babil Talmud'u, bize İkinci Tapınağın yıkılma nedeninin sebepsiz bir nefret ve İsrail içindeki bölünme olduğunu öğretir. Aynı kaynaklar, bu nefretin İlk Tapınağın yıkılmasına sebep olan üç büyük kötülüğün (putperestlik, ensest ve kan dökme) etkisine eşit olduğunu söyler. Masechet Yoma bize bunu şöyle açıklar: "İkinci Tapınak... Neden yıkıldı? Çünkü içinde üç günahı -putperestlik, ensest, kan dökmebarındırır."

Michael Laitman

Bir Demet Başak Gibi

Açıkçası birlik, kardeşlik ve karşılıklı sorumluluk sadece ulusumuzun DNA'sında değil, aynı zamanda sahip olduğumuzda bizi ıstıraplardan koruyan yaşam özümüzde de vardır. Kendini haklı görmenin ve narsisimin şişirildiği bu zamanlarda, birlik olmaya her zamankinden daha fazla ihtiyacımız var ve bu, tarihin hiçbir döneminde bu kadar ulaşılmaz olmamıştı.

Bundan otuz dört asır önce Sina Dağı eteklerinde, tek kalp tek adam olarak durduk ve bu şekilde bir ulus olduk. O zamandan bu yana, ünlü vaiz ve yazar Rav Halevi Epstein'in çok bilinen kitabı Maor va Shemesh'te (Işık ve Güneş) tarif ettiği gibi, birlik bizi karanlıkta ve aydınlıkta korudu: "Ahab'ın nesli putperest olsa da, savaşı kazandı, çünkü aralarında birlik vardı. İsrail birlik olduğunda da bu böyledir ve onlar O'nun için Tora'yı çalışırlar... Bununla, onlara karşı olan herkesi alt ederler ve ağızlarıyla söyledikleri dilekleri Yaradan yerine getirir."

Musa'yı izleyerek Kenan diyarına gelip, fethettik ve orayı İsrail Ülkesi yaptık ve sonra bir kez daha Babil'e sürgün edildik. Orada, Babil'de Mordehay bizi birleştirdiğinde, İkinci Tapınağı inşa ettik. Birliğimizi koruduğumuz sürece bağımsızlığımızı ve Tapınağı koruduk. Fakat kardeşlik sevgisini terk ettiğimizde, düşmana yenik düştük ve yüzlerce yıllık bir sürgüne mahkûm olduk.

Dahası İkinci Tapınağın yıkımına sebep olan bölünme, nefret ve topraklardan sürülme, sürgündeki gelişimimizi durdurmadı. Özellikle son iki milenyum boyunca, içinde yaşadığımız ulusların kültürel yaşamından kısmi olarak ayrılarak kendimizi koruduk.

Fakat Aydınlanma zamanından beri, aşamalı olarak insan ayrımının, kişisel başarıların, yoksul ve muhtaç olanın istismarına göz yummanın takdir edildiği bir kültürü benimsedik. Son birkaç yüzyıldır, kendini düşünme ve haklı

Bir Demet Başak Gibi

Michael Laitman

görme kültürü açısından o kadar başarılı olduk ki, toplum olarak ulusumuzun başlangıcında bağlı olduğumuz insani değerlere tam tersi şekilde davranır olduk.

Bugünün dünyasında egemen olan kendini haklı görme ve egoizm atmosferi, narsisizm noktasına ulaştı. "Narsisizm Salgını: Kendini Haklı Görme Çağında Yaşamak" adlı kitaplarında psikolog M.Twenge ve Keith Campbell, kültürümüzde narsisizmin önlenemez yükselişini ve buna sebep olan sorunları inceliyor, "Amerika Birleşik Devletleri narsisizm salgını sebebiyle acı çekiyor... narsist kişilik obezite kadar hızlı büyüyor."

Şöyle devam ediyorlar, "Narsisizmin yükselişi gittikçe hızlanıyor öyle ki, 2000'li yıllarda önceki yüzyıllardan daha hızlı bir artış kaydetti. 2006 yılı itibariyle, dört lise öğrencisinden biri narsistik karakter özelliklerini taşıyor."

"Komşunu kendin gibi sev" inancının atası Yahudilerin büyük çoğunluğu sadece oturup egoizmi kutlamıyor, aynı zamanda bu akıma katılıp, hatta önderlik ederek her nerede olursa olsunlar bu ganimetten faydalanıyorlar. "Roma'dayken, Romalılar gibi davran" tanımı olağanüstü bir şekilde benimsendi ve bu şekilde birçok Yahudi adı zenginlik ve gücün tanımı haline geldi. Hiç şüphe yok ki, bize bırakılan bu mirası (birlik ve karşılıklı sorumluluk) tanıtmak için zenginlik ve gücün peşinde değiliz. Ancak, Yahudiler bu iki ayırt edici üstünlük sebebiyle nam salıp sadece kazançlarıyla dikkat çekmiyorlar, aynı zamanda kendilerine verilen bu mirasla da dikkat çekiyorlar.

Haksız olsa da, Yahudilere ve Yahudi hükümetine diğer uluslar ve ülkelere bakıldığı gibi bakılmaz. Hem negatif hem pozitif olarak onlara özel davranılır.

Fakat bunun böyle olmasının iyi bir sebebi vardır. Hz. İbrahim, "Yaradan", "Tanrı" dediğimiz dünyayı yöneten tek gücü keşfettiği zaman, tüm dünyaya bunu anlatmayı istedi. Babil'in yüksek sosyal ve ruhani mevkiindeki birinin oğlu olması sebebiyle sözü dinlenebilir bir konumdaydı. Ne zaman ki Kral Nemrut onu öldürmeye çalışıp, Babil'den sürdü, o zaman Kenan topraklarına geldi.

Dahası Moshe Ben Maimon (Maimonides), onun yol boyunca keşfettiği şeyi paylaşabileceği ruh eşleri aradığını, anlatır: "Tüm dünyaya tek bir Tanrı olduğunu duyurmaya çalıştı... Sonunda Kenan topraklarına gelene kadar şehirden şehre, ülkeden ülkeye dolaşarak insanlara seslendi... Etrafında toplanan ve soru soran herkese öğretti... Ta ki onları gerçeğin yoluna getirene kadar. En sonunda, binlerce, on binlerce kişi etrafında toplandı, bunlar 'İbrahim'in evinin halkıdır'. İnancını onların kalbine işledi, bununla ilgili kitaplar yazdı ve oğlu İshak'a öğretti. Sonra İshak, Yakup'a öğretti... Ve Yakup Peygamber de tüm oğullarına ve ayrı olarak Lemi'ye Tanrı'nın yolunu öğretti..."

Yakup'tan sonrakiler, bunu sahiplendiler, "Tanrısallık bu toplulukta açığa çıktı ve o zamandan beri Musa'nın yasasında (Tora) bize verilene göre hareket ediyor ve Musa'dan bugüne kadar, gözlerimizin önüne ne serildiyse onu biliyoruz."

Böylece birlik, Tanrı'nın ya da Yaradan'ın algısını edinmek için gerekli tek koşul haline geldi. Birlik olmadan edinim mümkün değildir. İsrail halkı birlik oldu ve tüm realiteyi yaratan, hükmeden ve yöneten Yaradan'ı edindiler. Bunu yapmayanlar, bu algıdan kendilerinin bilmediği ve sahip olmadığı bir şeyi, İsraillilerin bildiği ve sahip olduğu hissiyle yoksun kaldılar.

İsrail'e olan nefretin, antisemitizmin kaynağı budur. Bu, Yahudilerin dünyayla paylaşmak istemedikleri bir şeye sahip oldukları hissinden kaynaklanır.

Gerçekte Yahudiler bunu dünyayla paylaşmak zorundadır. Tıpkı Hz. İbrahim'in Babil halkıyla, Yahudilerle, kendi

Bir Demet Başak Gibi

Michael Laitman

soyuyla paylaşmaya çalışması gibi, yapılmalıdır. "Uluslara Işık olmanın" anlamı budur. İsrail'in ilk ruhani lideri Rav Kook'un, etkili ve şiirsel yazımıyla tanımladığı gibi, bu bir zorunluluktur. "İsrail ruhunun büyüklüğünün hakikati, yalnızca onun özünden gelen kutsal, ölümsüz güç ile tanımlanır. Tüm dünyanın selameti, kurtuluşu ve ayrıca kendisi için onu diğer ulusların üstünde duran bir ışık gibi yapan ve yapacak olan şey, budur."

Bu sorumluluğu Rav Altar, şu kelimelerle anlatmıştır, "İsrail'in çocukları tüm dünyayı, ulusları ıslah etmek için Tora'dan aldıklarının garantörlüğünü yapar."

Peki diğer uluslara geçirmek zorunda olduğumuz şey tam olarak nedir? Yaşamın tek yaratıcı, eşsiz gücü Tanrı'yı keşfetmemize sebep olacak, birliktir.

Shem MiShmuel'in yazarı Rav Bornstein, şöyle yazar: "Yaratılışın amacı tek bir topluluk olmaktır... Fakat günah yüzünden, bu öyle bozulmuştur ki, pek azın dışında nesillerin en iyileri bile Yaradan'a hizmet etmek için birlik oluşturamamıştır."

Rav Bornstein, şöyle devam eder, "Diğerleri onlara katılana kadar, sadece birlik olanlar bunu başarabilir. Islah, Yaradan'a hizmet etmek için bir araya gelen, Hz. İbrahim ve onun soyu gibi bir topluluk oluşturularak gerçekleşir ki bu şekilde Yaradan için çalışan birleşmiş bir topluluk olurlar. O'nun (Yaradan) amacı Babil zamanında insan ırkını ayırmaktı, bu şekilde tüm kötü olanlar dağılmış oldu... Akabinde Yaradan'a hizmet etmek için, Hz. İbrahim'in etrafında "İbrahim'in evinin insanları" denilen büyük bir topluluk oluşmaya başladı. Topluluk İsrail cemaati olana kadar büyümeye başladı... Sonunda Yaradan'ın arzusunu tüm kalbiyle gerçekleştiren herkes ıslah olacaktır."

Şimdiki küresel koşulları göz önüne aldığımızda, insanlığın birlik kavramını Yaradan'ı edinme aracı olarak görmesi acilen gereklidir. Hepimiz bu ilkeyi bilip, kabul ettiğimizde doğal olarak barış ve kardeşlik hüküm sürecektir.

Baal HaSulam (Merdivenin Sahibi) olarak bilinen Kabalist Rav Yehuda Aşlag'a göre, şimdilerde Yaradan'ı bilmek ivedilik taşıyor. 1930 yılında yazdığı "Dünyada Barış" adlı makalede Baal HaSulam şöyle açıklıyor, "Hepimiz birbirimize bağlı olduğumuzdan, tüm dünyaya karşılıklı sorumluluk yasasını götürmeliyiz." "Küreselleşme" terimi onun zamanında yaygın olmasa da, onun bu sözleri dünyanın tek, güçlü bir birlik oluşturma ihtiyacının ivediliğini açıkça ortaya koyar.

Baal HaSulam'ın küreselleşme ve birbirine bağlılık tanımı şudur: "Bireyin iyiliği ile tüm dünyanın iyiliğini bir sayarsam, şaşırmayın, çünkü tüm dünyanın kolektif bir toplum olduğu bir aşamaya geldik. Dünyadaki her bir insan diğer herkesin yaşam özünden ve rızkından faydalandığından, tüm dünyanın iyiliğine hizmet etmekle yükümlüdür.

"...Dolayısıyla, bir ülkede güzel, mutlu ve barış içinde yaşamak, eğer diğer ülkelerde böyle değilse, hayal bile edilemez. Günümüzde, geçmişte insanların aileleri için yaptıkları gibi ülkeler de kendi yaşam ihtiyaçlarını karşılamakla meşgul. Bu durumda sadece bir ülkenin ya da ulusun iyiliğini garanti eden koşullarından değil, fakat tüm dünyanın iyiliğini garanti eden koşullardan bahsedebiliriz, çünkü dünyadaki her bir insanın iyiliği diğer insanlara bağlıdır ve ancak onların yararına olmasıyla ölçülür."

Ancak, birliği ve karşılıklı sorumluluğu başarması için dünyanın, bireysel örneklerle tüm insanlığın yolunu açan bir rol modele, birliği gerçekleştiren bir gruba ve Yaradan'ı edinmeye ihtiyacı var. Gerçekte biz Yahudiler, zaten bu konumdayız ve dünya bilinçaltında bunu hissediyor. Bu kardeşlik sevgisini aramızda yeniden alevlendirmek, varolan

Bir Demet Başak Gibi

Michael Laitman

o tek gücü edinmek ve birlik olma yolunu öğretmek bizim görevimiz.

"Tanrı Sevgisi ve İnsan Sevgisi" adlı kitabında Baal HaSulam, bu yolu tüm açıklığıyla şöyle açıklamıştır: "İsrail ulusu bir dönüşümü başlatmıştır. İsrail halkı Tora'yı (Yaradan'ı edinmek için gerekli olan koşul, birlik yasası) uygulayarak kendilerini ıslah ettikleri ölçüde, bu gücü diğer ülkelere de aktarır. Ve dünyanın geri kalan ülkeleri kendilerini bu amaca (birleşmek ve Yaradan'ı edinmek) odakladığı zaman, Mesih (bizi egoizmden uzaklaştıran güç) açığa çıkacaktır."

Benzer şekilde Rav Altar, Yahudilerin rolünü şu şekilde tarif eder: "Öyle görünüyor ki, Tora'nın sahipleri, İsrail'in çocukları, tüm dünyanın ıslahından sorumludur. Bu sebeple onlara şöyle denir 've siz peygamberler krallığı ve kutsal bir ulus olacaksınız' ... Ve onlar şöyle cevaplar, 'Yaradan'ın söylediği, tüm Yaratılışı ıslah edeceğiz'... Gerçekte, herşey İsrail'in çocuklarına bağlıdır. Onlar kendilerini ıslah ettikçe, tüm yaratılış onları takip eder. Tıpkı ıslah olmuş hocalarını takip eden öğrenciler gibi... Benzer şekilde tüm Yaratılış İsrail'in çocuklarını takip eder."

BÖLÜM 1

BİR ULUS DOĞUYOR

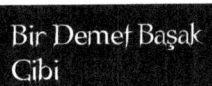

Michael Laitman

İsrail Ulusunun Doğuşu

İsrail halkının dünyadaki önemine ve konumuna değinmeden önce, İsrail'in nasıl oluştuğuna ve bu oluşumun nasıl gerçekleştiğine bakalım. Bir an için, yaklaşık altı bin mil doğuya ve dört bin yıl öncesine verimli toprakların ve medeniyetin kalbi eski Mezopotamya'ya gidelim. Dicle ve Fırat nehirlerinin arasında, bugün Irak olarak bilinen geniş, verimli topraklarda, Babil denilen şehir-devlet, medeniyetin gelişmesinde önemli bir rol oynadı. Kadim dünyanın ticaret merkezi olan bu şehir, yaşam ve hareket doluydu.

Dinamik medeniyetin kalbi olan Babil, sayısız inanç sisteminin ve öğretinin büyüdüğü ve yayıldığı ideal bir ortamdı. Babil halkı çok sayıda puta tapıyordu. Sefer HaYaşar'da (Doğru olanın Kitabı) şehrin o dönemdeki yaşamı ve putperestliği anlatılır: "O günlerde tüm halk ayrı ayrı kendine bir put edinmişti -tahtadan, taştan putlar. Putlar onlar için tanrı anlamındaydı. O günlerde, kral ve hizmetkârları, Azer (Hz. İbrahim'in babası) ve tüm ev halkı taşa ve tahtaya tapanların başında geliyordu... Tüm nesil gibi Azer de onlara tapar, önlerinde eğilirdi. Onları yaratan Tanrı'yı terk etmişlerdi ve tüm ülkede Yaradan'ı bilen tek bir kişi dahi yoktu..."

Yine de Azer'in oğlu İbrahim'in, onu benzersiz kılan bazı özellikleri vardı: Gerçeği öğrenmek için alışılmışın dışında bilimsel bir perspektife sahipti. Aynı zamanda şehir halkının gittikçe mutsuz olduğunu fark eden, iyiliksever bir insandı. Bununla ilgili olarak düşündüğünde, mutsuzluklarının sebebinin büyüyen egoizm ve aralarındaki yabancılaşma olduğunu gördü. Çok kısa bir zaman içinde, birlikten, birbirlerine gösterdikleri ilgiden, düşmanlığa ve kibre düşmüşlerdi ve şöyle diyorlardı, "Hadi gel, tepesinde cennet olan bir şehir ve kule inşa edelim ve kendimize isim yapalım."

Michael Laitman

Bir Demet Başak Gibi

Aslında kendi gurur kulelerini inşa etmekle öyle meşguldüler ki, bir zamanlar onlara kardeş olan insanları tamamen unutmuşlardı. Rav Eliezer yazılarında sadece Babillilerin kibrini değil, aynı zamanda birbirlerine olan yabancılaşmayı da anlatır: "Nemrut halkına şöyle dedi, 'Haydi yeryüzündeki ilk insanlar gibi dağılmamak için büyük bir şehir inşa edelim ve orada yaşayalım ve içine cennete uzanan büyük bir kule yapalım... Ve bu topraklarda adımızı yükseltelim...'

"Onu yüksek inşa ettiler... Kiremitleri yukarı taşıyanlar sağdan çıktı, inenler soldan indi. Bir kişi düşüp ölürse, onu önemsemezlerdi. Ama bir kiremit yere düştüğünde oturup ağlarlar ve şöyle derlerdi, 'Onun yerine başkası ne zaman gelecek?'"

İnsanların birbirine yaklaşımı İbrahim'i rahatsız etti ve oraya gidip onların davranışlarını inceledi. Rav Eliezer, onun bu düşmanlığı gözlemlemesini şöyle tarif eder: "Azer'in oğlu, İbrahim gitti ve onların, şehri ve kuleyi inşa ettiklerini gördü. Onlara eğer sadece birlik yasasını uygularlarsa herşeyin daha iyi olacağını anlatmak için birliğe hükmeden, tek güç Yaradan'ı açıklamaya çalıştı. 'Fakat onlar onun sözlerinden hoşlanmadı', der kitap. Onlar ise, eskiden olduğu gibi tek lisan konuşmak yerine 'Farklı lisanlardan konuşmayı istediler', oysa birbirlerinin dilini bilmiyorlardı. Ne yapacaklardı? Her biri kılıcını çıkarıp, öldüresiye savaştı. Gerçekte dünyanın yarısı bu kılıçla öldü."

Halkının bu kötü halinin ışığında, İbrahim keşfettiği bu inancı risklerine aldırmadan yaymaya karar verdi. Tora'nın Tekrarı olarak da bilinen Kudretli El adlı eserinde, 12. yüzyıl âlimi Maimonides (RAMBAM), İbrahim'in kararlığını ve çabasını şöyle anlatır: "Sütten kesildiği anda, merakı başladı... Gece, gündüz 'bu tekerlek sürücüsü olmadan nasıl dönüyor? Kendisi dönemiyorsa onu kim döndürüyor?' diye sordu. Kendisi ne bir öğretmen, ne de bilirkişiydi. Gerçekte Ur şehrinde yıldızlara tapanların arasında sıkışıp kalmıştı."

17

Bir Demet Başak Gibi

Michael Laitman

Bu arayışında İbrahim, birliği, realitenin tekliğini, tüm realiteyi yaratan, devam ettiren ve amaca doğru yönlendiren tek gücü keşfetmişti. Maimonides şöyle der: "İbrahim gerçeğin yolunu kendi doğru ilmiyle edindi ve bir Tanrı olduğunu bildi... Ki O herşeyi yarattı ve O'ndan başka Tanrı yok."

İbrahim'in edindiğini tam olarak anlamak için, şunu aklımızdan çıkarmamalıyız ki, Kabalistler Tanrı'dan bahsettiğinde, tapmak, memnun etmek zorunda olduğunuz ve karşılığında da sağlık, zenginlik, uzun yaşam ve daha başka dünyasal arzular alacağımız üstün bir varlıktan ya da güçten bahsetmiyor. Bunun yerine Kabalistler, Tanrı'yı Doğayla tanımlıyor.

Baal HaSulam, "Tanrı" teriminin anlamıyla ilgili birçok tanım kullanmıştır. Kısa ve öz olarak Tanrı'nın Doğayla eşanlamlı olduğunu açıklamıştır. "Barış" makalesinde Baal HaSulam şöyle yazar: "Bugünden sonra, iki kelimeyi –Doğa, Yönetici-beraber kullanmaktan kaçınmalıyız ki söylediğim gibi aralarında bir fark yoktur... Bizim için en iyi olan... Kabalistlerin kullandığı Doğa kelimesini Tanrı olarak kabul etmektir. İkisi de aynı olduğundan, Tanrı'nın yasalarına 'Doğa'nın yasaları' diyeceğim, bunu daha fazla tartışmamıza gerek yok."

Maimonides şöyle yazar: "Kırk yaşında İbrahim Yaradan'ını bildi." Fakat İbrahim bunu kendinde saklamak istemedi: "Ur ve Kaldeli (eski Mezopotamya halkı) halkıyla konuşarak onlara gittikleri yolun gerçeğin yolu olmadığını anlattı." Ne yazık ki, İbrahim düzen tarafından sürgüne zorlandı, bunu yapan elbette Babil kralı Nemrut'tu.

M.S. 5.yüzyılda yazılan Midrash Rabbah, keşfettiği şeyin acısı içindeki İbrahim'in sıkıntısının, gerçeğe adanmışlığının ve Nemrut'la mücadelesinin canlı bir tasvirini gözlerimizin önüne serer ve İbrahim'in çabasını eğlenceli bir şekilde

18

görmemizi sağlar. "Azer (İbrahim'in babası) bir putperestti (aile dükkânında heykeller yapar ve satardı). Bir keresinde, bir yere gitmesi gerekti ve İbrahim'in onun yerine bakmasını istedi. İçeriye bir adam girdi ve bir heykel almak istedi. İbrahim sordu, 'Kaç yaşındasın?' Adam cevapladı, 'Elli ya da Altmış' İbrahim ona şöyle dedi: 'Altmış yaşındaki birinin eski bir heykele tapıyor olması ne yazık!' Adam utandı ve dükkândan çıktı.

"Daha sonra, elinde bir kap irmikle bir kadın geldi. İbrahim'e şöyle dedi, 'İşte heykeller için bir adak.' İbrahim kalktı ve bir çekiç alarak tüm heykelleri kırdı ve çekici en büyük heykelin eline sıkıştırdı. Babası geldiğinde sordu, 'Kim yaptı bunu?' İbrahim cevapladı, 'Bir kadın geldi. Bir kap irmik getirmiş, benden bunu heykellere adak yapmamı istedi. Ben de yaptım, fakat biri dedi ki, 'Önce ben yiyeceğim,' bir diğeri 'Önce ben yiyeceğim' dedi. En büyük olan kalktı çekici aldı ve hepsini kırdı.' Babası şöyle dedi, 'Sen benimle dalga mı geçiyorsun? Onlar ne bilmiş?' Ve İbrahim cevap verdi, 'Ağzından çıkanı kulakların duyuyor mu?'"

Bu noktada Azer küstah oğlunu artık daha fazla disiplin altına alamayacağını anladı. "Azer, İbrahim'i kolundan tutup Nemrut'un (kral ve aynı zamanda Babil'deki en yüksek manevi otorite) karşısına getirdi. Nemrut ona şöyle dedi, 'Ateşe tap.' İbrahim cevap verdi, 'Belki de ateşi söndüren suya tapmalıyım?' Nemrut cevap verdi, 'Suya tap!' İbrahim cevap verdi: 'O zaman belki de suyu taşıyan buluta tapmalıyım?' Nemrut, 'Buluta tap!' dedi.

"İbrahim ona şöyle dedi: 'Bu durumda, bulutları süpüren rüzgâra mı tapmalıyım?' 'Rüzgâra tap!' dedi Nemrut. İbrahim cevap verdi, 'Rüzgâr sebebiyle sıkıntı çeken insana mı tapmalıyım?' Nemrut şöyle dedi: 'Çok fazla konuşuyorsun; Ben sadece ateşe taparım. Seni içine atacağım, taptığın Tanrı gelip seni kurtarsın!'

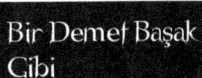

Bir Demet Başak Gibi

Michael Laitman

"Haran (İbrahim'in erkek kardeşi) ayağa kalktı ve şöyle dedi, 'Eğer İbrahim kazanırsa, İbrahim'le hemfikir olduğumu söyleyeceğim ve eğer Nemrut kazanırsa, Nemrut'la hemfikir olduğumu söyleyeceğim.' İbrahim ocaktan düşüp kurtulduğunda, Haran'a sordular, 'Kiminlesin?' Onlara şöyle dedi: 'Ben İbrahim'leyim'. Haran'ı tutup, ateşe attılar ve o babasının huzurunda öldü. Dolayısıyla şöyle denir 'Ve Haran babası Azer'in huzurunda öldü.'"

Böylece İbrahim Nemrut'a karşı geldiği için, Babil'den sürüldü ve Harran topraklarını terk etti. Ama İbrahim keşfini yaymaya sadece Babil'den sürüldüğü için devam etmedi. Maimonides'in detaylı tasviri bize şunu anlatır, "Tüm dünyaya seslenmeye, onlara tek Tanrı olduğunu söylemeye devam etti... Kenan topraklarına ulaşana kadar, şehirden şehre, krallıktan krallığa dolaştı...

"Ve dolaştığı yerlerde insanlar etrafında toplanarak, sorular sordular ve o herkese öğretti... ta ki onları gerçeğin yoluna getirene kadar. Sonunda binlerce, on binlerce insan etrafında toplandı, onlar İbrahim'in evinin halkıdır. Öğretisini onların kalbine işledi, kitaplar yazdı ve oğlu İshak'a öğretti. İshak Yakup'a öğretti ve onu öğretmen yaptı... Yakup tüm oğullarına öğretti. Levi'yi ayırdı ve onun Tanrı'nın yolunu öğrenmesini sağladı..."

Yakup gerçeğin nesiller boyu unutulmamasını garanti etmek için, "Levi'nin oğullarının birbiri ardına görevlendirilmesini emretti."

Michael Laitman

Bir Demet Başak Gibi

İSRAİL - EN DERİN TUTKU

İbrahim'in gayretli çabaları sonucunda, hayatın en derin yasalarını bilen ya da Maimonides'in tanımıyla "Dünyayı Tanrı'nın yaptığını bilen bir ulus" doğdu. Aslında, İsrail sadece bir halkın adı değildir. İbranicede Ysrael (İsrail) kelimesi, iki kelimenin birleşiminden oluşur: Yashar (doğru) ve El (Tanrı). Dolayısıyla İsrail kelimesi hayatın yasasını keşfetme düşüncesini, Yaradan'ı edinme ve algılama arzusunu belirtir. Rav Meir Ben Gabai'nin sözleriyle "'İsrail' adının anlamı aynı zamanda Yaşar El (Yaradan'a doğru)'dur." Benzer şekilde yazılı vaazı Drush'da Büyük Ramchal, basitçe şöyle yazmıştır: "İsrail - Yaşar El."

Gerçekte, İsrail genetik bir özellik ya da yakıştırma değil daha ziyade İbrahim'in keşfettiği şeye insanı çeken arzunun yönü ya da adıdır. Genetik olarak ilk İsrailliler, Babil halkı ve İbrahim'in grubuna katılan diğer ülkelerin halkıydı. İsimlerinin anlamı kadim İsrailliler için açıktı. Maimonides'in yazdığı gibi, öğretmenleri Leviler vardı ve onlara yaşamın temel yasalarını izlemeleri öğretilirdi.

Ancak bugün, İsrail'in aslında yaşamın temel yasasına, Yaradan'ı bilme arzusuna atıfta bulunduğu unsurunun farkında değiliz ve genetik bir soydan bahsetmiyoruz. İkinci Tapınağın yıkılışından bu yana yaklaşık 2000 yıllık gizlilik, İbrahim'in keşfinin dünyadaki tüm insanlar için olduğu gerçeğini yok etmiştir, oysa İbrahim Babil'deki tüm insanlar için bunu istemiş ve daha sonra bunu "tüm dünyaya duyurmaya" çalışmıştır, der Maimonides.

Yıllar boyunca, sadece Kabalistler bu gerçeği canlı tuttu. Lizhensk'li Elimelech, Shlomo Ephraim Luntschitz, Chaim Iben Attar, Baruch Aşlag gibi daha birçok Kabalist, en basit şekliyle şöyle yazmıştır: Ysrael'in anlamı Yaşar El (Yaradan'a doğru).

Bir Demet Başak Gibi

Michael Laitman

Dahası, bugün bu gücü keşfetme ihtiyacı her zamankinden daha güçlüdür. İbrahim'in zamanından bu yana Doğa'da hiçbir şey değişmedi, Yaradan halen daha yaratan, hükmeden ve yaşamı sürdüren tek güç.

Değişen tek şey ise bugün her zamankinden daha çok Yaradan'ın gerçek bilgisine ihtiyacımız olduğu. İbrahim'in zamanında, insanlığın gerçeğin yolunun dışında izlediği pek çok başka yol vardı. Ancak bugünün sosyal araçları, düşüşe geçen sosyal bağlarımızı çözmekte etkisiz kalmaktadır.

Zamanla Babil kültürü dağılmış ve halkı tüm dünyaya yayılmıştır. Tapınağın yıkılmasıyla temsil edilen düşüşlerine sebep olan birbirlerine karşı yabancılaşmaları ve sosyal ahenksizlikleri, sıradan bir durum haline gelmiştir. İnsanlar aralarındaki uyumsuz davranış biçimini -gelecekteki zorlukların tohumu- beraberlerinde taşıdıklarının farkında olmadan, yeni bölgelere yerleştiler.

Şimdi küresel bir topluluk olduğumuzdan, her kriz küresel ölçüde olmaktadır. Yaptığımız yanlışlar tüm dünyada yankı buluyor, eğer kurtulmayı arzu ediyorsak, İbrahim'in keşfettiği tek güç ve yaşamı sürdürülebilir kılan öğretisi, planlarımıza ve hesaplarımıza eklenmek zorundadır.

Michael Laitman

Bir Demet Başak Gibi

BİRLİK - DOLAYISIYLA EŞİTLİK

Bugün tek umudumuz birlik olmaktır, çünkü birlik aşağıda göreceğiniz gibi tüm yaşamı devam ettiren gücün yönüdür. Dolayısıyla asıl zorluk nasıl birlik olacağımızı öğrenmektir. Bu mümkündür ve akılcıdır, ancak kriz zamanlarında bu gücü bilmek, işbirliği ve birlik içinde olmak ortak çabasını göstermemiz gerekir ki bu şekilde yasanın dikte ettiği şekilde yaşayabilelim.

Şu akılda tutulmalıdır ki, birlik denkliğe ya da benzerliğe işaret etmez. Daha ziyade, birlik olmanın üzerinde farklılığı gerektirir. Örneğin bugün, Yahudi dininin içinde bağımsız Yahudiler olduğu gibi, pek çok farklı sınıf vardır. Yahudi cemaati demek, geleneklerimizi değiştirmeden, tek bir sınıfa indirgemeden, birlik içinde birbirimize değer vermeyi öğrenmemiz demektir.

Eğer bu imkânsız görünüyorsa, birkaç çocuğu olan bir aileyi düşünün. Normal bir ailede, her çocuğun kendine özgü bir karakteri vardır. Çocukluk hatıralarınız akranlarınızla olan çatışmalarla doludur. Çoğunlukla kız ve erkek kardeşlerimizle ilgili şöyle düşünürüz, "Eğer o benim kardeşim olmasaydı, asla onunla beraber olmak istemezdim." Fakat kendimizden farklı insanlarla beraber olma olgusu şunu ispatlar ki, sevgi olduğunda tüm farklılıkların üzerinde birlik olabiliriz.

Bu özellikle yapmamız gereken şeydir -tüm farklılıklarımızın üzerinde birlik olmak. Bu şekilde yoğun olarak hem zıt nitelikleri, farklılığı, hem de tüm bunların üzerinde olan birliği hissederiz. Birlik olduğumuzda, her birimizin algısı, fikirleri ve eyleme geçme yöntemleri farklı olduğundan, bunları en iyi şekilde kullanarak, güçlü bir bütün oluşturabiliriz. Tıpkı bizi sağlıklı kılmak için bedenimizde farklı organlarımızın olması gibi, bizde farklı kalarak ve bu farklılıkların üzerinde Yahudi halkının rolünü -diğer uluslara birlik ışığını getirmek- idrak ederek ortak bir amaca gelmek için birlik olabiliriz.

23

Bir Demet Başak Gibi

Michael Laitman

Bir önceki başlığımıza dönersek, İbrahim'in Babil'den ayrılışından sonra, şehir ben-merkezci yaşamına devam etti. Haz ve eğlencede elbette yanlış bir şey yok fakat bu tamamen ben-merkezci olduğunda, sonunda kendi kendini bitirir. İbrahim'in keşfettiği gerçek amaç, yaşamın tek gücüne benzer hale gelmek, tekliği deneyimlemek ve birlik olmaktır. Atalarımız bu birlik ve tekliği, Dvekut (birleşme) olarak adlandırdı ve bu kelime ile kastedilen şey, er veya geç Yaradan'ın niteliklerini edinme, O'na benzer olma hatta eşit hale gelebilmektir.

Rav Meir Ben Gabai şöyle yazar: "O'nun ismi ve niteliklerinin gücüyle, O'na benzer ve O'na bağlı olduğunuz için Tanrı'nıza tutunursunuz, O'nunla birleşmek gerçek hayattır." Benzer şekilde, İnsan Nesli adlı kitabında Kutsal Şlah şöyle der:"Ve Yaradan'ın niteliklerine tutunana, Âdem (insan) denir."

20.Yüzyılda Baal HaSulam, Dvekut terimini ayrıntılı bir şekilde "form eşitliği" olarak tanımlar, yani Yaradan'ın "formunu" (niteliklerini) edinmek. "Kabala İlmine Giriş" kitabında şöyle yazar: "Bu şekilde ruh, Yaratılış Düşüncesine dahil olan tüm hazzı ve bereketi almaya hak kazanır ve aynı zamanda O'nunla birliğe ve form eşitliğine gelir."

"Zohar Kitabına Giriş" kitabında Baal HaSulam şunu da ekler, "Öyleyse, manevi edinim için atalarımızın dediği gibi, 'O'na tutunmak nasıl mümkün olur? O'nunla form eşitliğine gelerek."

Yukarıda bahsettiğimiz gibi, İbrahim'in grubu büyüyerek bir ulus haline geldi ve bu sebeple yeni bir birlik olma metodu ihtiyacı doğdu. İbrahim'in öğretileri İsrail'deki herkesin öğreneceği şekilde yayılmıştı. Fakat İsrail halkı Mısır'ı terk ettiğinde, 600.000'i erkek olmak üzere üç milyon kişiydi. Bir

Michael Laitman

Bir Demet Başak Gibi

öğretmenin öğrencisine öğrettiği gibi hepsine aynı şekilde öğretmek mümkün değildi.

Sina Dağı eteklerinde buna bir çözüm bulundu. Orada tarihin bu önemli noktasında, en temel öğretimiz Tora halkımıza verildi ve bugün halen daha her gün, her an verilmeye devam etmekte. Bu öğreti, Rav Akiva'nın işaret ettiği gibi "Komşunu kendin gibi sev," inancıdır.

Büyük düşünür Rashi şöyle açıklar; Sina Dağı eteklerinde birlik olma yasalarını, Tora'yı aldık çünkü tüm kalbimizle bu birliği istedik. Onun sözleriyle "'Tek kalpte tek adam olarak, 'İsrail orada kamp kurdu.'" O andan itibaren birlik, Yahudi halkının Yaradan'ı ve O'nun niteliklerini edinme ve O'nunla form eşitliğine gelme aracı olarak, en kıymetli serveti oldu.

Midraş Eliyahu şöyle yazar: "'Tanrı İsrail'e şöyle dedi: 'Oğullarım, sizi yoksun bıraktığım bir şey oldu mu? Sizden ne isteyebilirim? Sadece birbirinizi sevin, saygı duyun ve korkun, işte o zaman aranızda hiç günah, hırsızlık ve çirkinlik olmaz.'"

Zamanla birlik öyle önemli hale geldi ki önem açısından diğer emirlerin önüne geçerek, İsrail'in manevi kefaretinin ve düşmanlarından kurtuluşunun tek ve gerçek anahtarı oldu. Midraş Tanhuma şöyle yazar: " Eğer biri bir demet ot alsa, bir seferde hepsini birden kıramaz. Fakat her seferinde bir tane alarak bir çocuk bile onları kırabilir. Aynı şekilde, İsrail bir demet haline gelmeden günahlarından arınamaz."

Aynı ruhla Masechet Zutah da şöyle yazar: "Rav Elazar şöyle der: 'Barışı sev ve bölünmekten nefret et. İsrail putperest olsa bile barış yücedir ve aralarında barış oldukça Yaradan onlara şöyle der: 'Onlara zarar verme arzum yok', tıpkı yazıldığı gibi, 'Efrayim putlara daldı; onu yalnız bırakın.' Eğer aralarında bölünme olursa onlar için ne denir? 'Onların kalbi bölünmüş, şimdi günahlarına katlanacaklar.'"

25

Bir Demet Başak Gibi

Michael Laitman

Dahası birliğin önemiyle ilgili olarak etrafımıza baktığımızda şunu görürüz ki, birlik olma arzusu taşımayan ve bunda bir fayda bulamayan insanlar, öğretinin emrettiği şekilde davranmazlar. Bu öğretinin varoluşunun temeli haline nasıl geldiğini anlamak için, realitenin evrimini bilimin ortaya koyduğundan daha farklı bir görüş açısıyla incelemek zorundayız. Realiteye arzuların evrimi olarak bakmalıyız. Realiteyi bu şekilde gördüğümüzde, birlik olma arzusunun arkasındaki sebep ve Yaradan'ın niteliklerinin kazanımı kristal berraklığına gelir. Dolayısıyla, bir sonraki bölümümüzün konusu arzuların evrimi olacak.

BÖLÜM 2

İSTİYORUM, ÖYLEYSE VARIM

Bir Demet Başak Gibi

Michael Laitman

Arzuların Evrimi Olarak Yaşam

Bir önceki bölümde Ysrael (İsrail) adının, Yaşar (doğru) ve El (Yaradan) kelimelerinin birleşmesinden meydana geldiğini söyledik. İbrahim Yaradan'a ulaşmayı ve keşfetmeyi arzulayan insanları bir araya getirdiğinde, bu arzu nedeniyle onları "İsrail" olarak adlandırmıştır. Bu bölümde genel arzuların ve Yaradan arzusunun oluşma nedenlerini tartışacağız. Bunun için, realiteyi arzuların gelişimi olarak incelemek zorundayız.

1937'de Baal HaSulam, Hayat Ağacı kitabının yazarı ARİ'nin yazılarının tefsiri olan On Sefirot Çalışmasını yayımladı. Tefsirde yazar detaylı bir şekilde, realitenin temelinde, daha sonra alma arzusunu doğuran, "ihsan etme arzusu" olarak adlandırdığı verme arzusunun olduğunu anlatır. Bu sebeple Baal HaSulam şöyle der: "Neden atalarımız 'O iyidir, iyilik yapar' için tanıklık eder ve neden 'O'nun arzusu Yarattıklarına iyilik yapmaktır,' der?"

On Sefirot Çalışmasının birinci bölümünde Baal HaSulam, neden ihsan etme arzusunun bir gereklilik olarak alma arzusunu doğurduğunu ve neden bu iki arzunun tüm Yaratılışın temeli olduğunu açıklar. Şöyle der: "Yaratma düşüncesinden hemen sonra, yarattıklarını memnun etmek için, Işık (haz) büyük ölçüde yayıldı ve genişledi ve O'nun tasarladığı tüm hazlara form verdi. Bunların hepsi "Yaratılış Düşüncesi" dediğimiz düşünceye dahildi. ...Ari şöyle der: Başlangıçta, üst Işık tüm realiteyi doldurdu. Bu demektir ki, Yaradan yarattıklarına haz vermeyi düşündü ve Işık O'ndan ayrıldı ve yayıldı ve O'nun Hazzını alma arzusu birden bu Işığın içinde belirdi."

Yaradan yani ihsan etme arzusu, haz vermek için alma arzusunu yarattı açıklamasının altını çizmek için Baal HaSulam o bölümde şöyle der: "Verenin ihsan etme arzusu, verilendeki alma arzusuna neden olur ve alma arzusu verilenin O'nun Bereketini aldığı kaptır."

Michael Laitman

Bir Demet Başak Gibi

Aşlag, ihsan etme arzusunun alma arzusunu yarattığından bahseden ilk kişi değildir. Rav Horowitz şöyle yazar: "Yarattıklarına iyilik yapmak istediğinden, yaratılışın faydasına olan kötü eğilimleri (alma arzusu, egoizm) yaratarak, onları gerçek bir faydadan yararlandırmayı arzuladı." Yukarıda sözünü ettiğimiz isimlere benzer şekilde Rav Nathan Sternhertz, Farklı Yasalar'da şöyle yazar: "Yaradan, Yarattıklarına mutlak iyinin en iyisini vermek istediğinden, merhametini ve iyilikseverliğini büyütür." Bu şekilde verme arzusu -Yaradan- bize, yarattıklarına ihsan etmek istedi ve biz bunu almak için yaratıldık. Peki, bu almak istediğimiz iyilik, fayda nedir?

"On Sefirot Çalışmasına Giriş" kitabında Baal HaSulam, almamız gereken faydanın Yaradan'ın edinimi olduğunu yazar, tıpkı İbrahim'in 4000 yıl önce edindiği gibi. Aşlag şöyle der: "Edinimle kişi, O'nun bereket dolu cömert eliyle haz vermek niyeti taşıyan Yaratılış Düşüncesinde varolan muhteşem güzellikleri hisseder. Kişinin edindiği faydanın bereketi sebebiyle, o ve Yaradan arasında nice kanallarla gerçek sevginin aralıksız olarak aktığı muhteşem bir sevgi doğar. Ancak, tüm bunların hepsi kişi Yaradan'ı edindiği anda ve sonrasında gerçekleşir."

Yaradan'ı edinmek için biz de O'nunkine benzer niteliklere sahip olmalıyız ya da Baal HaSulam'ın deyişiyle, O'nunla "form eşitliğine" gelmek zorundayız. Yüzün Yansıması ve Açıklanması kitabının girişinde, Aşlag şöyle yazar: "Öyleyse kişi Işığı nasıl edinir... Kişi ondan ayrı ve zıt formdaysa... Ve aralarında büyük bir nefret varsa (Yaradan ve kişi)? ...bunun için kendini yavaşça arındırır ve ihsan etme formunu edinir. Kişi kutsallığın formuyla kendini eşitlerse, görürsünüz ki aralarındaki sevgi geri dönmüş... Kişi Yaradan'ın huzuruna girdiği için, Işık ile ödüllendirilir."

Michael Laitman

ARZUNUN DÖRT SEVİYESİ REALİTEYİ ŞEKİLLENDİRİR

Realiteyi arzuların evrimi perspektifinden incelerken Kabalistler şunu keşfettiler ki, alma arzusu dört farklı seviyeden oluşuyor -cansız, bitkisel, hayvansal ve konuşan (insan) seviye. 16. Yüzyılda ARİ realitenin dört seviyeye ayrıldığını ifade ettiğinden beri, sayısız düşünür ve Kabalist bu dört seviyeyi ele aldı. Rav Pinhas HaLevi Horovitz, MALBIM ve "Tüm dünya varlıkları cansız, bitkisel, hayvansal ve konuşan seviyeyedir" şeklinde yazan RABaD ve sayısız başka isim, realitenin bu dört seviyeden oluştuğunu söylemiştir.

Fakat yine de hiçbir düşünür Baal HaSulam kadar açıklayıcı olmamıştır. Herkesin okumasını ve anlamasını amaçlayan onun yazıları, asırlardır bunu çalışan Kabalistler ve Yahudi eğitmenlerden farklı olarak realitenin yapısını sistemli ve dikkatli bir şekilde detaylandırır. "Özgürlük" adlı makalesinde cansız, bitkisel, hayvansal ve konuşan arzuların yapısını, "Nedensellik Yasası" bölümünde açıklamıştır. Realitenin tüm elementlerinin birbirine bağlı ve birbirinin devamı olduğunu açıklar. Şöyle der: "Realitenin tüm elementleri arasında daima ileriye doğru, sebep, sonuç ilişkisiyle nedensellik yasasına uyan genel bir bağ olduğu doğrudur." Bütünün içinde her şey kendisi içindir, yani dünyadaki her bir varlık bu dört seviyeye dahildir ve sebep sonuç ilişkisiyle nedensellik yasasına uyar.

Dahası her varlığın bu dünya üzerinde, geçmişteki sebepler nedeniyle izlemesi gereken belirli davranış kalıpları vardır. Bu, Doğa'yı önyargıyla değil ama gerçek bilimsel bakış açısıyla inceleyenler için oldukça açıktır. Bu durumu tüm yönleriyle görmemiz için detaylı bir şekilde analiz etmemiz gerekir.

İÇİMİZDEKİ DÖRT SEVİYE

Atalarımızın belirttiği gibi cansız, bitkisel, hayvansal ve konuşan seviye sadece dış Doğa'ya ait değildir. Bu seviyeler her birimizin içinde mevcuttur ve arzularımızın temelini ve hatta her arzunun içsel yapısını oluşturur. Ravi Shapiro şöyle yazar: "İnsanda dört kuvvet vardır -cansız, bitkisel, hayvansal ve konuşan- İsrail başka bir seviyeye de sahiptir; bu seviye manevi seviyedir."

Baal HaSulam, içimizde işleyen bu dört seviye arzunun açıklamasını daha detaylı yapar: "Konuşan türün (insan) içinde birbirinin üstünde derecelenmiş dört bölüm vardır. Bunlar Kitleler, Güçlü, Zengin ve Akıllıdır. Bunlar realitenin dört derecesine eşittir -cansız, bitkisel, hayvansal, konuşan.

"Cansız seviye... Bitkisel, hayvansal ve konuşan seviye özelliklerini doğurur... Aralarındaki en küçük kuvvet bitkiseldir. Bitkiler de tıpkı hayvanlarda ve insanda olduğu gibi kendine faydalı olanı çekerek ve zararlı olanı iterek yaşamını sürdürür. Ancak, onda bireysel bir hissiyat yoktur, daha ziyade yeryüzündeki tüm bitkilerde ortak olan kolektif bir kuvvete sahiptir...

"Onun üzerinde hayvansal seviye vardır. Her varlık yararlı olana yaklaşarak ve zararlı olandan uzaklaşarak kendini hisseder... Bu hissiyat bedenin dışında en kısa mesafede bile işlemediğinden, hayvansal seviyenin bu gücü, zaman ve uzayla sınırlıdır. Aynı zamanda kendi zaman diliminin dışında hiçbir şey hissetmez, yani geçmişte veya gelecekte değil şimdiki andadır.

"Onların üzerinde duygusal ve akılsal kuvvete sahip konuşan seviye vardır. Konuşan seviyede iyi olanı kendine çekme ve zararlı olanı itme gücü, hayvanlarda olduğu gibi zaman ve yerle sınırlı değildir. Bilim, sınırsız zaman ve yer sayesinde, geçmişte ve gelecekte nesiller boyu varlığını sürdürür."

Bir Demet Başak Gibi

Michael Laitman

SEÇİM ÖZGÜRLÜĞÜMÜZ NEREDE

Baal HaSulam'dan öğrendiğimize göre, realitenin konuşan seviyesiyle diğer üç seviye arasındaki fark şudur: neyi kendimize çekeceğimiz ve neyi reddedeceğimiz söz konusu olduğunda, bizler sınırsızız. Farklı bir şekilde ele alırsak, tüm Doğa'da insan ırkı özgür seçimi olan tek türdür. Diğer varlıklar Doğa'nın dikte ettirdiklerini gönülsüzce izlerken, bizler onları takip edip etmeme özgürlüğüne sahibiz. Bugün küresel krizde şahit olduğumuz gibi, yaptığımız eylemlerin sonucunun bilgisi olmadığında ve Doğa'nın yönlendirmesine karşı gittiğimizde, yanlışlarımızın kötü sonuçları sebebiyle acı çekeriz.

İçsel olarak dört seviyeye sahip olduğumuzdan, aynı kurallar bizim içinde geçerlidir ama sadece konuşan seviyeye ait arzular ve nitelikler vasıtasıyla seçim yapma özgürlüğüne sahibiz.

İçimizdeki temel arzular -türlerin doğumu ve devamlılığı yani üreme, barınma ve besin ihtiyacı- Doğa'nın ilk üç seviye arzularına karşılık gelir -cansız, bitkisel, hayvansal. Dördüncü seviye "konuşan", ihtiyaçlarımızın ötesinde zenginlik, güç, ün, saygı ve bilgi arzularını temsil eder.

Üç alt seviye ve en üst seviye arasındaki temel fark şudur ki, alt üç seviye yeryüzündeki tüm varlıklarda mevcuttur. Her varlık türü varlığını sürdürmeyi ve gelecek neslini korumayı amaç edinir. Bunun tersine dördüncü seviye arzular insana aittir ki bunlar zenginlik, şeref ve bilgidir.

Genel olarak bu üç alt arzu, Doğa'nın yönlendirmesine göre otomatik olarak işler. Özgür seçimin olduğu tek seviye, arzuların konuşan seviyesidir. Dolayısıyla üst seviye arzuları tatmin etmeye çalışmadan önce, içsel doğamızın işleyişini öğrenmek zorundayız.

Dördüncü seviye arzularımızla doğru şekilde çalışabilmek için, bu arzuların etkilerini ve içimizdeki varlık sebeplerini bilmek zorundayız. Aslında sadece insanda varolan ve bu diğer dört seviyeyi "hükümsüz kılan" başka bir seviye arzu daha var.

Michael Laitman

Bir Demet Başak Gibi

KALPTEKİ NOKTA

Bu seviye Rav Nathan Shapiro'nun söylediği "Manevi seviyedir." Bu arzu, bizi dünyanın nasıl işlediğini ve buna neyin yol açtığını araştırmaya yönelten arzudur. Bu arzuya "İsrail" (Yaradan'a doğru) diyoruz. İbrahim için bu arzu, "Bu tekerleğin bir sürücüsü olmadan dönmesi nasıl mümkün oluyor? Kendi kendine dönemeyeceğine göre, bunu döndüren kim?" sorusunu öğrenme isteğiyle açığa çıktı.

Baal HaSulam Yaradan'ı bilme arzusunu "kalpteki nokta" olarak adlandırdı. "Zohar Kitabına Giriş" kitabında kalbin, insan arzularının bütünü olarak görülebileceğini ve "kalpteki noktanın" içimizdeki Yaradan'ı amaçlayan arzu olduğunu yazar. Baal HaSulam'ın oğlu ve varisi hocam Rabaş, "kalpteki nokta"nın "İsrail" denilen arzu olduğunu açıklar. Şöyle der: "İnsanın içinde İsrail de vardır... ve buna 'kalpteki nokta' denir."

Şimdi İbrahim'in bulduğu şeyi paylaşmaya neden bu kadar kararlı olduğunu anlayabiliriz. İnsan arzularının evrimleştiğini ve evrimleştikçe daha fazla zenginlik, güç, başkalarını yönetme ve bilgi arzusuna doğru değişeceğini biliyordu. İnsan arzularının doğasının bilgisi olmadan, insanların kendilerini ve toplumu doğru şekilde yönetemeyeceğini de biliyordu.

Nemrut, İbrahim'in bilgiyi Babil halkına yayma çabasını engellediğinde, bu bilge adam onu izleyenleri beraberine alarak mesajı yaymak için Babil'den ayrıldı. Her kim İbrahim'in öğrettiklerini anlıyor ise, bilgiyi dinlemeye gönüllü herkese aktarmak zorundadır, bu İbrahim'in bize bıraktığı mirastır. Zohar Kitabı'nda şöyle yazar: "İbrahim o kuyuyu kazdı. Onu buldu çünkü dünyadaki herkese Yaradan'a hizmet etmeyi öğretti. Ve bir kez kazıldığında, hiç durmayan sular oradan fışkırır."

Bir Demet Başak Gibi

Michael Laitman

Kalplerinde nokta olan bugünün İsrail halkı, İbrahim'in öğrencilerinin soyundandır. Bu nokta yüzyıllık unutuluşun altına gömülü olmasına rağmen şimdi mevcuttur ve tekrar açığa çıkmayı beklemektedir. Kutsal Shlah'ta şöyle yazar: "İsrail'e 'İsrail Meclisi' denir, her ne kadar aşağıda birbirlerinden ayrılmış olsalar da, halen daha yukarıda, ruhlarının kökünde, onlar Yaradan'ın bir parçası olduklarından, birlik içindedirler. Köklerine geri dönmek isteyen İsrail halkı, köklerini izlemek zorundadır yani aşağıda da birleşmek zorundadır. Aralarında ayrılık olduğunda, yukarıda da benzer bir ayrılık ve bölünme olur, işte meselenin nereye gittiğini görün. Öyleyse, tüm İsrail evi bütünlük ve barış içinde barışı ve bir olmayı, O'nunla form eşitliğine gelmek için aramalıdır, çünkü Yaradan'ın adı 'Barış'tır."

İsrail birleştiğinde ve kendini ıslah ettiğinde "Uluslara Işık" olur. Rav Naphtali'nin sözleriyle, "Çoğumuzun sürgünde yaşıyor olmasının sebebi, Yaradan'ın İbrahim'de ifşa olmasıdır. Babamız oğullarını uluslara Işık olması için gönderdi. Yakup'un Mısır'a geldiği zamanki gibi. İnsanlar Yakup'un ve soydaşlarının üzerindeki bereketi gördüklerinde, O'nun adı büyüdü."

Arzuların evriminden bahsettiğimizde, insan ırkı, özgür seçime olanak veren dördüncü ve en yüksek arzu seviyesini temsil eder. Fakat doğru seçimler yapmak için varoluşun köklerde nasıl işlediğini bilmek zorundadır. İsrail halkı kökü bilmeyi temsil eder ve dolayısıyla kökü çalışmak ve tüm insanlığa onun öngörülerini ve algılarını yaymak onların sorumluluğundadır. Bu şekilde insanlar nasıl seçim yapacaklarını öğrenmiş olur.

Bu öğretiyi almak için İbrahim bir çalışma metodu geliştirdi ve bu metot asırlar boyunca gelişti ve beslendi. Bir sonraki bölüm, Zohar Kitabı'nın "Kabala" olarak adlandırdığı bu metodun analizine ayrıldı.

BÖLÜM 3

ASIRLAR SÜREN ISLAH

Bir Demet Başak Gibi

Michael Laitman

Islahın Metodu

Bir önceki bölümde arzuların cansızdan bitkisel, hayvansal ve konuşan seviyeye doğru nasıl geliştiğini ve bu ilerlemenin hem Doğa'da dışsal olarak, hem de içimizde içsel olarak gerçekleştiğini anlattık. Söylediğimiz bir diğer şey de, sadece içimizdeki konuşan seviyede özgür seçimimizin olduğu ve bize fayda sağlayacak bu seçimleri yapabilmemiz için öncelikle öğrenmemiz gereken şeyin Doğa'nın köklerinin nasıl işlediğiydi.

Son olarak İsrail'in, Yaradan'ı, her şeyin Yaratıcısı olan kökü bilme arzusunu temsil ettiğini ve bu kökü ilk keşfeden kişinin İbrahim olduğunu söyledik. İbrahim, etrafındaki insanlara bunu öğretmeye çalıştı ve bugün bu arzunun mirasçıları olan biz Yahudiler, İbrahim'in başlattığı bu çağrıyı duyurmak ve görevini tamamlamak zorundayız.

İbrahim'in halkında keşfettiği şey, onların büyüyen egolarıydı. Toplumlarını sürdürebilmek için çok fazla ben-merkezci olmuşlardı. "Tek lisan, tek insan" kavramından uzaklaşmışlar ve büyüyen egolarına karşılık, yabancılaşmış ve iletişimsiz hale gelmişlerdi. Birbirlerine karşı o kadar ilgisiz ve kendileriyle o kadar çok meşguldüler ki, bir önceki bölümde açıkladığımız gibi, "Bir kişi düşüp ölse (Babil kulesinin inşasında), onunla ilgilenmezlerdi. Fakat bir kiremit düşse, oturup, ağlar ve şöyle derlerdi, 'Onun yerine yenisi ne zaman gelecek?'"

Daha da kötüsü, İbrahim büyüyen egonun büyümeyi bırakmayacağını anladı. Bu insan doğasının doğuştan gelen bir özelliği, konuşan seviyenin karakteristiğiydi çünkü Yaratılış Düşüncesine göre egonun sürekli olarak büyümesi gerekiyordu. Yüzün Yansıması ve Açıklanması kitabının girişinde Baal HaSulam şöyle yazar: "Yaradan insanlara üç eğilim aşıladı, bunlar 'kıskançlık', 'ihtiras' ve 'onur'dur. Bundan dolayı insanlar derece derece egolarını büyüttüler." Diğer bir şekilde, kıskançlık kendi başına kötü değildir fakat ıslah edilmesi ve yapıcı bir yönde gelişmesi amaçlanmalıdır.

Michael Laitman

Bir Demet Başak Gibi

KÖTÜ EĞİLİM

Atalarımız kötü eğilimle ilgili olarak yazdıklarında, kıskançlığı başkalarına zarar vermek ya da onlardan fayda sağlamak için kullandığımızı ima ederler. Eğer kıskançlık, ihtiras ve onur niteliklerini doğru şekilde kullanırsak, onlar bizim ıslah araçlarımız olur. Bu nedenle Kutsal Shlal şöyle yazar: "En kötü nitelikler kıskançlık, nefret, açgözlülük, ihtiras ve benzerleridir, bunlar Yaradan'a hizmet etmesi gereken kötü eğilimlerdir."

Fakat doğamız gereği bunları negatif olarak kullanırız, şöyle yazıldığı gibi: "İnsanın kalbindeki eğilim, kötüdür." Benzer şekilde, "Kötü yoktur fakat kötü eğilim vardır," diye yazar Shimon Ashkenazi ve asırlar önce Midrash Rabah şöyle söylemiştir: "İnsanlar kötü eğilimle yıkanmıştır, şöyle söylendiği gibi, 'İnsanın kalbindeki eğilim kötüdür.'"

İbrahim, tüm yaratılanlar içinde sadece insanın kötü eğilime sahip olduğunu keşfetti. Bu sebeple büyük Ramchal şöyle yazmıştır: "İnsan kadar zarar veren başka bir varlık yoktur. O günah işler ve başkaldırır, başka hiçbir varlıkta olmayan kötü eğilim, onun kalbindedir."

Baal HaSulam, kötü eğilimin, alma arzusu olduğunu yazar. Dahası, önceki bölümlerde söylediğimiz gibi alma arzusu Yaratılış Düşüncesindedir ve insan alma arzusunun dördüncü ve en gelişmiş seviyesini oluşturur. Neden alma arzumuz tüm kötülüklerin kaynağıdır?

Sorun şudur ki, konuşan insan seviyesindeki alma arzusu statik değildir. Sürekli olarak büyür ve daha fazlasını arar. Atalarımızın sözleriyle, "İnsan elindeki arzuların yarısıyla, bu dünyadan ayrılmak istemez, öyle ki yüz tane arzusu varsa iki yüz olsun, iki yüz arzusu varsa dört yüz olsun ister." İnsan daha fazlasını aradığından, sürekli olarak eksiklik hisseder. Benzer şekilde Kutsal Shlal şöyle der: "Doyum hissetmeyen insan, daima eksiklik hisseder", dolayısıyla

37

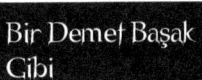

Michael Laitman

sürekli olarak mutsuz ve tatminsizdir. Bugünkü topluma baktığımızda, doğamızdaki bu unsura boyun eğdiğimizi ve hiç sonu gelmeyen "haz-avcısı" durumuna düştüğümüzü görürüz ve hiçbir şey bizi mutlu etmeye yetmez.

İbrahim, Babil halkı arasında beliren kötü eğilim, nefret ve yabancılaşmanın, aralarında büyük sorunlara yol açtığını, bu huzursuzluğun kendi kendine geçmeyeceğini ve bununla beraber Yaratılış amacının tamamlanması, Yaradan'la form eşitliğine gelebilmek için yoğun bir alma arzusunun gerekli olduğunu da anladı. Ramchal şöyle der: "İnsan ıslah olduğunda, herşeyin üzerine yükselir ve O'na tutunmaya hak kazanır, diğer tüm varlıklar insana bağlıdır."

Dolayısıyla, kötü eğilimi yok etmeye çalışmak yerine, İbrahim insanların ıslah olması ya da eğilimlerini yani egolarını "ehlileştirmesi" ve onun büyümesinden yarar sağlaması için bir metot geliştirdi. Bu metodu bulduğunda, hiçbir istisna olmadan herkesle paylaşma başladı.

Maimonides şöyle yazar: "İbrahim, öğretisini (Dünyada tek gücün, Yaradan'ın olduğu öğretisi) onların kalbine işledi, kitaplar yazdı ve oğlu İshak'a öğretti."

Ancak, İbrahim'in metodu sadece çağdaşları için uygundu. Sonraki nesiller için uygun değildi. İsrail bir ulus olup, Mısır'dan çıktığında, konuşan seviyedeki kötü eğilim için (kendimiz için alma arzusu, diğer bir şekilde egoizm) yeni bir ıslah metodu gerekli oldu.

Mısır'dan çıkan üç milyon insan, iki yüzyıl önce Mısır'a gelmiş yetmiş bin ruhtan farklıydı. Mısır'da İsrail'in alma arzusu muazzam bir şekilde büyümüştü ve onu ıslah etmek için daha açık bir dizi talimata ihtiyaç vardı.

Michael Laitman

Bir Demet Başak Gibi

MUSA, "BİRLEŞİN" DEDİ

Çözüm, Musa'nın Tora'sı olarak geldi, ama o dönemden sonraki ıslahın yapılandırılması için yeni bir önkoşulla beraber. Büyük RASHI şöyle yazar: "Tora'yı almak için İsrail halkı Sina Dağı'nın eteklerinde 'tek kalp, tek adam' olarak durdu." Bu mutlak ve tam birlik, İsrail'i zamanın tüm uluslarından ayıran en önemli karakteristik özelliği (karşılıklı sorumluluk) olmuştur.

Tek kalpte, tek adam olma koşulunu kabul ederek İsrail, egonun ıslahına yardım edecek yasanın kodunu aldı. Bu kodla onlar, her bir üyesinin-erkek, kadın ve çocuk- Yaradan'ı edindiği ve karşılıklı sorumluluk yasasıyla İbrahim'in keşfettiği tek güç (Tanrı) ile form eşitliğine geldiği bir toplum haline geldi.

Birlik olan İsrail Kenan topraklarını fethetti ve orayı Yaradan arzusunun hüküm sürdüğü "İsrail Toprakları" yaptı. Bu topraklarda İsrail'in kurduğu Tapınak, onların yüksek edinimlerini, Musa'nın metodunu uygulamalarını ve ilerlemeye devam etmelerini temsil eder.

Atalarımızın yazdığı gibi, "Kötü eğilim insanla beraber doğmuştur ve tüm hayatı boyunca büyümeye devam eder" ve "İnsanın kalbindeki kötü eğilim çocukluktan gelir ve daima ihtirasla büyür." Musa'nın ıslah metodu, "Tora" dediğimiz yasalar, birinci ve ikinci Tapınaklar zamanında hatta Babil'i terk ettikten sonra bile zarar görmemiştir.

Fakat İsrail manevi düşüşe devam ettikçe insanlar, birliği ve Yaradan'la olan bağı korumakta zorlandı. Sonuç olarak, İkinci Tapınak, ilkinden daha düşük bir manevi derecedeydi. Kabalist Behayei şöyle açıklar: "Tora'nın verildiği günden sonra Kutsallık, İlk Tapınağın yıkılmasına kadar İsrail'den ayrılmadı. İlk Tapınak yıkıldıktan sonra ise sürekli olmadı."

Neticede İsrail halkının egoizm seviyesi o kadar arttı ki, birbirlerinden ve Yaradan'dan ayrıldılar. Birbirlerinden

39

Michael Laitman

ayrılık, yaşamın temel gücü Yaradan'dan ayrılmaya da sebep oldu. Bunun sonucunda İkinci Tapınak da yıkıldı ve son ve en uzun sürgün başladı.

İsrail'in Kudreti adlı kitabında, Rav Segal İsrail'in düşüşünü şöyle anlatır: "İkinci Tapınak'tan önce İsrail'de özel bir erdemlilik vardı, bölünmediler, aralarında sadece birlik vardı. Dolayısıyla İlk Tapınak kirlilik sebebiyle yıkıldı ve Tanrı bu kirlilik içinde onların arasında olmaz. Fakat İkinci Tapınak, onların erdemliği olan birliğin, nefret yüzünden bozulmasıyla yıkıldı."

Benzer şekilde, büyük yazar ve şair Abraham Ben Ezra şöyle yazar: "'Sen yüksek yerlere adım atacaksın', 'Ve ben, yeryüzünün yüksek yerlerine gitmene izin vereceğim', ve İsrail üzerine sürgün gelmesinin sebebi, İkinci Tapınak'ta nefretin var olmasıdır."

Michael Laitman

Bir Demet Başak Gibi

BÜYÜK DÜŞÜŞ VE KURTULUŞUN TOHUMLARI

İkinci Tapınağın yıkılmasına sebep olan nefretten sürgün doğdu ve iki amaca hizmet etti. İlki, sürgünün ıslah metodunun daha gelişmesi için teşvik edici olmasıydı. Musa'nın Tora'sı ulusun manevi seviyesini korumada yetersiz kalıyordu, metodu zamanın koşullarına (sürgünde olmak ve Musa'nın zamanından daha egoist olma koşulu) adapte etmek gerekiyordu. Sürgünün ikinci amacı ise İsrail'in diğer uluslarla kaynaşması, "manevi geni" dünyaya yayması ve bu şekilde tüm insanlığın, Hz. İbrahim'in amaçladığı ıslahı gerçekleştirmesiydi.

İkinci Tapınağın yıkılmasından sonra, çığır açan iki kitap yazıldı. Biri Mişnah, diğeri Zohar Kitabı'ydı. İlki o günden bu yana Toral ile beraber Yahudi ilminin temeli olan kitaptır. İkincisi ise yazıldıktan hemen sonra Moses de Leon'un ellerinde ortaya çıkana kadar, bin yıldan fazla bir zaman gizlenmiştir.

Mişnah'ın ve atalarımızın tüm yazıları İsrail'in sürgündeki halkına hem manevi hem de fiziksel anlamda rehber oldu. Yazılar manevi derecelerden bahsettiği halde, fiziksel emirler olarak da algılanabilir.

Atalarımızın öğrettiği yasalar manevi yasalara dayandığından, Tapınağın yıkımından önce uygulandığı gibi, fiziksel yaşama da uygulanabilir. Bu şekilde Yahudiler her ne kadar kaynağın gerçek edinimine erişemeseler de, geçmişin manevi seviyesi sebebiyle aralarındaki bağı korudular.

İsrail'in manevi seviyeden kopmasının ve Yaradan'ı edinimin kaybıyla ilgili olarak Rav Menehem şöyle yazar: "Tapınağın yıkılması hem halk hem de bireysel olarak sürgüne sebep olmuştur. İsrail öyle bozuldu ki, Kutsallığın halkın Tapınağından ayrılmasına sebep oldu. Bireysel

41

Bir Demet Başak Gibi

Michael Laitman

Tapınak ise onların kalplerinin içinde... Ve Kutsallığın kalplerden ayrılması ile... Onlar halkın Tapınağından ayrılıp, sürgüne geldiler."

Aynı ruhla Jonathan Netah şöyle yazmıştır: "İlk Tapınak'ta Kutsallık Tapınaktan ayrılmadı çünkü sürgün kısa süreliydi. Fakat ikinci yıkımda sürgün uzun sürdü çünkü Kutsallık tamamen ayrılmıştı."

Yahudilerin çoğunluğu, atalarının belirttiği manevi seviyeyle bağda kalmayı korumaya odaklanırken, başka bir azınlık da bunun dışında kalarak emirleri körü körüne yerine getirmiştir. Hz. İbrahim'i Yaradan'ı keşfetmeye getiren sorular bu çoğunluğun içinde de yanıyordu; kalplerindeki noktanın ateşi sönmemişti ve tüm çalışmaların en derini Kabala ilmine yönelmişlerdi.

YENİ BİR ÇAĞ, YENİ BİR YAKLAŞIM

Kabalistler çalışmalarını gizli tuttular. Kapalı odaların ardında, gerektiğinde herkes için uygulanabilir olan ıslah metodunu geliştirdiler. Küçük gruplarda, bazen yalnız olarak çalıştılar ve manevi dereceleri edindiler fakat öğrendiklerini saklı tuttular ve çoğunlukla kendileri için yazıya döktüler.

Fakat 16.Yüzyılda bir gün, İsaac Luria adında genç bir adam Kuzey İsrail'in Sfat şehrindeki Kabalistlerin yanına geldi. Onun gelişi ıslah metodunun gelişiminde yeni bir çağın başlangıcına işaret eder. İsaac Luria -bugün Kutsal ARİ olarak bilinir- öğrencisi Chaim Vital'le beraber, Kabala ilminde tamamen yeni bir yaklaşım ortaya koydu. Onun ortaya koyduğu manevi sistemin yapısının teknik ve sistematik tanımı, o günden sonra Kabalistler arasında geçerli olan bir çalışma yöntemi oldu.

ARİ'nin öğrencisi Rav Chaim Vital, hocasının söylediklerini özenle kâğıda dökmüştür. Rav Vital'in ölümünden sonra onun oğlu bu yazmaları yayımlamaya başlamıştır. Bunlardan en dikkat çekenleri, Hayat Ağacı ve Sekiz Kapı'dır. Zamanla bu yazılar Kabala çalışması metodunun en etkili unsuru haline gelmiş ve ARİ'nin adını alarak Luranik Kabala olarak adlandırılmıştır.

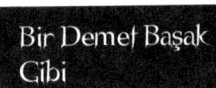

Michael Laitman

BAĞLANMA İZNİ

Luranik Kabala'nın muhteşem etkisiyle birlikte, her geçen gün daha fazla Kabalist dünyanın son ıslaha erişme zamanının geldiğini hissettiği için, gizlilik aşamalı olarak açılmaya başladı.

Kabalist Abraham Azulai Güneşin Işığı adlı kitabında şöyle yazar: "Gerçeğin (Kabala) ilminin açıkça çalışılmasından sakınmak için yukarıdan gelen yasaklama, 1490 yılına kadar olan sınırlı bir süre içindi. Yasağın kaldırıldığı ve Zohar Kitabı'nın çalışılmasına izin verildiği bu tarihten itibaren gelen nesillere son nesil denir. 1540 yılından beri genç, yaşlı herkesin Kabala çalışması en büyük Mitzva (emir, iyi amel, ıslah) olmuştur. Ve sonucunda Mesih geleceğinden bunu ihmal etmek doğru değildir."

ARİ, Chaim Vital dışında başka hiç kimsenin bu öğretileri çalışmasına izin vermemesine rağmen, daha sonra Kabala çalışmanın öneminden bahsetmiştir. Yaşam Ağacı adlı kitabında şöyle yazar: "Tora'yı küçük düşürenlere yazıklar olsun. Onlar Tora'yı onurlandıran Kabala ilmiyle meşgul değiller ve bu sebeple sürgünü uzatıyorlar ve dünyaya büyük acılar getiriyorlar."

Daha sonraki yüzyıllarda sayısız Kabalist ve eğitmen, kurtuluşumuzun önemine ve ulusumuzun yaşamını devam ettirmesine büyük önem vermiştir. 18.yüzyılın sonunda, Vilna Gaon (GRA) açıkça şöyle yazmıştır: "Kurtuluş Kabala çalışmasına bağlıdır."

19. yüzyıl başlarında Kabalistler, kırk yaşından önce çalışma yasağını hükümsüz kılarak, çocukların dahi Kabala çalışması gerektiğini duyurmaya başladılar. Rav Komarno şöyle yazar: "Aykırı düşünceler egemen olduğunda, dokuz yaşındaki çocuklarla beraber Zohar ve Tikkunim (Islah) çalışması yapın."

Michael Laitman

Bir Demet Başak Gibi

1900 yıllarında Rav Isaac Kook ki daha sonra İsrail'in ilk Baş Haham'ı olmuştur, Yahudileri topraklarına geri çağırırken, açıkça Kabala çalışmasına da çağırmıştır. Işıklar kitabında şöyle yazar: "Tora'nın sırları kurtuluşu getirir; onlar İsrail'i tekrar topraklarına geri döndürür."

Rav Kook, Kabala terimini nadiren kullanmasına ve onu "gerçeğin ilmi", "gizli olanın ilmi", "Tora'nın içselliği", "Tora'nın sırları" gibi adlandırmasına rağmen, sayısız fırsatta her Yahudi'nin Kabala çalışması gerektiğini yazmıştır. Şöyle der: "Önümüzde yaymak zorunda olduğumuz, geniş anlamıyla İsrail'in ilmine ve Yaradan'ın bilgisine sahip en derin sırları içinde barındıran Tora var. Bu günlerde tüm ulusa yayılacak şekilde onu açıklamalı, çalışmalı ve daha net bir hale getirmeliyiz."

Michael Laitman

ŞİMDİ, HEP BERABER

Islah metodunun evrimindeki son aşama 1900'lü yıllarda başladı ve şimdilerde adım adım ilerliyor. Bu aşamanın bir parçası olduğumuzdan, bu çalışmalar bizim için çok önemlidir.

Giriş bölümünde bahsettiğimiz gibi İbrahim dünyayı yöneten ve hükmeden tek gücü ilk defa keşfettiğinde, bu bilgiyi yaymaya başladı. Amacı bunu hiç eksiksiz tüm insanlara yaymaktı. Ancak, Babil Kralı Nemrut, bunu yapmasına engel olduğunda ve onu ayrılmaya zorladığında, daha sonra İsrail olacak Kenan topraklarına geldi.

Asırlar boyunca amaç değişmedi. Ramchal şöyle yazar: "Nuh, dünyayı o aşamada ıslah etmesi için yaratıldı... Ve onlar da (çağdaşları) ondan ıslah aldılar." Ve ilave eder: "Musa o zamanda dünyanın ıslahını tamamlamayı diledi. Dünyanın ıslah olacağını düşündüğü için, karışık bir halkı oldu... Ancak yol boyunca yozlaşma olduğundan bunda başarılı olamadı."

İkinci Tapınağın yıkımından sonra, Kabalistler, Kabala ilmini herkesten gizlemeyi seçtiler, ARİ zamanından sonra bu ilmi açığa çıkarmanın zamanının geldiğini hissetmeye başladılar. Bu noktada ilmi her nesle direkt ve açık olarak öğretmeye ve yaymaya başladılar.

20.yüzyılın başında, tüm yasaklamalar bittiğinde Kabalistler açık bir şekilde ilmi uluslara öğretmeye başladı. Rav Kook mektuplarından birinde bu durumu şöyle yazar: "Bu zamanda gerekli ve Yaradan için bunu yapma zamanı olduğundan, tüm sırları dünyaya açmaya hemfikirim. Bu meselelerin dünya genelinde karalanması sebebiyle acı çekmemden daha önemli ve iyi olarak, neslin ıslahı için onların (Kabalistler) baskılanan saf ruhlarının yeni şeyler söylemesi ve gizli olanı açığa çıkarması kitlerin aklının alışık olmadığı bir şeydir."

Michael Laitman

Bir Demet Başak Gibi

Birinci Dünya Savaşı sırasında Rav Kook, dünya sorunları ve İsrail'in birlik olma yolundaki manevi gücünün canlanması arasında gördüğü bağlantının ana hatlarını belirlemeye kendini mecbur hissetti. Işıklar adlı kitabında şöyle yazdı: "Kana bulanmış kılıçların ölümcül fırtınalarıyla savrulmuş dünyanın kurtulması için İsrail ulusunun toparlanmasına ihtiyaç vardır. Bir ulusun inşası ve ruhunun açığa çıkması bir ve aynı şeydir ve birlik olma gücünün ve yüceliğinin umudunun yıkıldığı dünyanın inşasıyla birdir ve tüm bunlar İsrail Topluluğunun ruhunda mevcuttur."

Çağdaşı Baal HaSulam, sık sık ve açıkça Kabala ilminin herkese açılması gerektiğiyle ilgili yazmıştır. Mesih'in Borazanı adlı makalesinde şöyle yazmıştır: "Bilin ki İsrail'in çocukları, sadece gizli olan ilim büyük ölçüde açığa çıktığında kurtulacak, Zohar'da yazdığı gibi, 'Bununla İsrail'in çocukları sürgünden çıkacak.'

"...Benim düşünceme göre, eğer gizli olanın ilmini nasıl yayacağımızı bilirsek, kurtuluşun eşiğinde duran bir neslin içinde oluruz.

"...Bunun için başka bir sebep daha vardır: Kurtuluş için bir önkoşul olduğunu kabul ettik - dünyanın tüm ulusları İsrail'in yasasını (İhsan etme) kabul edecek, şöyle yazıldığı gibi: 'Ve topraklar bilgiyle dolacak.' Firavun'un önkoşul koyduğu Mısır'dan çıkış örneğinde olduğu gibi, dünya gerçek Tanrı'yı ve O'nun yasalarını bilecek.

"Dünya uluslarının böyle bir anlayışa ve arzuya nasıl geleceğini anlamalısınız. Bunun ilmin dağıtımıyla gerçekleşeceğini bilin, böylece açık olarak gerçek Tanrı'yı ve yasayı öğrenirler. İlmin kitlelere dağıtımına Şofar (duyuru, ya da festival borusu) denir. Sesi uzaklara yayılan Şofar gibi, ilmin ekosu tüm dünyaya yayılır."

Doğrusu, bu manevi isimlerin mirasları yerine getirilmiş durumda ve bugün din, yaş ya da cinsiyet farkı olmadan

47

Bir Demet Başak Gibi

Michael Laitman

herkes "gizli olanın ilmini" çalışabilir. Hz. İbrahim'in öngördüğü gibi, küresel Babil'imiz şimdilerde yaşamı yaratan ve devam ettiren temel yasayı çalışabiliyor ve bunu çalışmak için hiçbir kısıtlama yok.

Peki, eğer herşey yolundaysa neden dünyada bu kadar çok yanlış var? Neden hâlâ insanlar acı çekiyor ve bu sayı her geçen gün fazlalaşıyor? Yaşamın temel yasası herkese açık olduğu halde neden çok azı bunu biliyor ve özellikle toplumu yutan krizleri ele almada başarısız oluyor? Eğer bu Yaradan'ın yasasıysa ve herşeyi düzeltebiliyorsa, neden insanlar bunu öğrenmek için acele etmiyor?

Bu sorulara cevap bulmak için ilmin yayıldığı yolları ve özellikle de Kabala'yı yaymada Yahudi halkının rolünü ve uluslara ışık olmanın ne demek olduğunu anlamamız gerekir. Bu bakımdan gelecek bölümde Kabala gözüyle Yahudi halkının rolünü tartışacağız.

BÖLÜM 4

GÖREVLENDİRİLMİŞ BİR ULUS

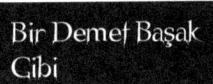

Michael Laitman

Yahudi Halkının Rolü

"İbrahim, cennetin yıldızları gibi olma bereketi ile İshak toprağın bereketi ile ve Yakup yeryüzünün tozu gibi olma ile ödüllendirildi, İsrail'in Çocukları ise tüm Yaratılışın ıslahı için yaratıldı."

Yehuda Leib Arie Altar

Bir önceki bölümün sonunda şunu sorduk, "Eğer herşey yolundaysa, neden dünyada bu kadar çok yanlış var?" ve "Eğer yaşamın temel yasası herkese açıksa neden çok azı bunu biliyor ve özellikle toplumu sarsan krizleri ele almada başarısız oluyor?" Bu sorulara cevap vermek için bu yasanın bilgisinin nasıl yayıldığını ve Yahudilerin bu yayılmayla nasıl ilişkili olduğunu anlamak zorundayız.

Giriş kısmında İbrahim'in, dünyayı tek gücün yönettiğini keşfettiğinde halkına bunu anlatmak için acele ettiğinden bahsettik. Bunun için hiçbir önkoşul öne sürmedi; keşfettiği bu bilgiyi herkesle paylaşmak istedi. Ne yazık ki, ne Kral Nemrut ne de halk, birinci bölümde söylediğimiz, O'na benzer ve hatta eşit olma ve yaşamın hükmeden gücü ihsan etme kavramını ve kendi rollerini kabul etmeye hazır değildi. İbrahim'in zamanında Babil halkı kendi kulelerini inşa etmek ve Doğa'nın yasalarına karşı gelmeye çalışmakla meşguldü.

İbrahim Kenan toprakları için bugünkü Orta Doğu bölgesinde dolaşırken, onun amacını anlayanları ve egoizmden, ihsan etmeye kendi değişimini görev edinenleri bir araya getirdi. Bu insanlar daha sonra Yaradan'a ulaşma arzusu nedeniyle İsrail adını alarak, bir ulus oldu.

Yaşamın dört seviyesi-cansız, bitkisel, hayvansal ve konuşan- değişmez. Tam anlamıyla idrak edilmelidir ve fiziksel olarak konuşan seviyeye ait olanlar, er ya da geç manevi seviyeye ulaşmak zorundadır. İbrahim zamanında Babil halkının kendilerini değiştirmeye hazır olmaması,

50

Michael Laitman

Bir Demet Başak Gibi

insan ırkının son ıslaha ulaşma amacını değiştirmez. Bu yüzden hazır olanlar ve değişime gönüllü olanlar, gelecek kuşaklar için bu bilginin "koruyucuları" olmuştur.

Arvut (Karşılıklı Sorumluluk) makalesinde Baal HaSulam şöyle yazar: " (Yaradan dedi ki), 'Tüm halklar içinde, siz benim Segulam (çare/kuvvet) olacaksınız.' Bu şu demektir, siz benim çarem olacaksınız ve saflığın kıvılcımları ve bedenin temizliği sizden dünyadaki tüm insanlara yayılacak. Dünya ulusları henüz buna hazır değil ve şimdi tüm uluslara çare olması için bir ulusa ihtiyacım var."

Rav Altar'ın, "İsrail'in çocukları, tüm Yaratılışı ıslah etmek için yaratılmıştır," sözü, ruhani liderlerin asırlar boyunca Yahudilerin bu dünyada var olma sebebiyle ilgili olarak söyledikleriyle çelişmemektedir.

Musa'nın İsrail halkını Mısır'dan çıkardığında öncelikli amacı, kendisinin ve ondan önce İbrahim'in öğrendiği yasayı, onlara öğretmekti. Niyet ettiği şey, İbrahim'in nesiller önce başlattığını bitirmek ya da en azından geliştirmekti. Büyük Ramchal bununla ilgili şöyle yazar: "Musa, dünyanın ıslahını o zamanda bitirmeyi istedi. Bu sebeple ıslah olma arzusu taşımayan, ben-merkezci insanları yanına aldı ve zamanın sonundaki ıslahın gerçekleşeceğini düşündü... Ancak, yol boyunca meydana gelen bozukluk sebebiyle bunu başaramadı." İsaac Wilman şöyle yazar: "Zorluklara rağmen, çöldeki neslin, dünyanın ıslahının başlangıcı olacağı düşüncesi Musa'nın duasıydı."

Fakat dünyanın ıslah olma arzusu yoktu. Uluslar, kendini sevmeyi bırakmaya ve ihsan etmeyi yüceltmeye hazır değildi. Bu sebeple İsrail ulusu geri kalan tüm uluslar hazır ve istekli olana kadar, kendi ıslahını "parlatmayı" beklemeye aldı. Ramchal şöyle der: "Bilmelisiniz ki, seçilmiş olan ulus doğru düzende Kutsallıkla beraber tüm unsurlarıyla bir araya gelmezse, Yaratılış tamamlanmayacaktır. Bunu

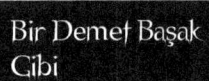

Bir Demet Başak Gibi — Michael Laitman

gerçekleştirdiğinde, dünya bütün hale erişecektir... İsrail ulusunun, tüm istenen koşulları tam anlamıyla idrak ettiği ve tüm Yaratılışın bütünlüğü edindiği bir aşamaya gelmeliyiz, ancak bundan sonra dünya ıslah olmuş bir aşamaya ulaşabilir."

Şu açıktır ki İsrail ıslahın, ihsan etme niteliğinin bir kanalı olarak hizmet ederek dünya uluslarına ulaşabilir. Rav Kook, geri kalan dünya ulusları için Yahudilerin rolünü nasıl gördüğünü, etkili üslubuyla şöyle anlatır, "Yaradan'ın ulusu olarak İsrail'in çağrısı tüm dünya için geçerli, sürekli ve aktiftir, Yaradan'ın belirlediği üzere İsrail, tüm nesillerin, insan formunu tamamlaması, yapısını muhafaza etmesi ve kutsallığın basamakları vasıtasıyla yücelmesi için seçilen tek ulusudur. Tüm Yaratılışı tamamlanmak ve onları mükemmelliğe getirmek olan Doğa'nın yasasıyla uyumlu görevimizi, hem kendi yaşamımız hem de kaderi bizim kaderimize bağlı olan tüm insanlığın yaşamı ve gelişimi için ciddi bir şekilde yerine getirmek zorundayız."

Rav Kook bunu daha da açar "İsrail ruhunun üstlendiği görevinin önemi sadece onun özünden gelen ebedi güçle tanımlanabilir. Bu onu ulusların üzerine ışık yapan ve yapacak olan şeydir."

Şahinin Gözü adlı kitabında Rav Kook şunu da ilave eder: "İsrail'in içinde hayatın kendisini yücelten gizli bir kutsallık vardır. İsrail Toplumunun ulusal ruhu yaşamda soylu, yüce olana arzu duyar ve Tanrısal değerlere göre hareket etmek ister ve bu değerlerin yüceliği ve ihtişamıyla aynı değere sahip, başka hiç kimsenim soramayacağı 'Hayatın anlamı ne?' sorusunu sorar. İsrail edindiği mutlak bütünlükle, uluslar ve insanlar için bir ışık olduğundan, tüm yeryüzünü ve dünyayı aydınlatır.

Benzer şekilde Rav NATZIV şöyle yazar: "Yeşaya Peygamber şöyle der: 'Senin elinden tutacağım ve

koruyacağım, insanlar için bir güvence ve uluslar için ışık olacaksın' Putlara inanmayı bırakacak ve tek bir Tanrı'ya inanacaklar. Aslında Babamız İbrahim'le anlaşmamız bununla ilgilidir."

Michael Laitman

KARIŞMA VE KAYNAŞMA

Uluslara ıslah nasıl gelecek? Eğer İsrail ulusu kendini ıslah ederse, bu diğer ulusları nasıl etkileyecek? İbrahim Yaradan'ı ilk kez keşfettiğinde, onu dinleyen ve ona katılan insanlar ilk ıslah olanlardı. Bu insanlar Mısır'a gitti ve sonunda sayıları çoğalarak bir ulus haline geldi. Bu ulus Tora adıyla Islah Yasası'nı aldı ve kendini ıslah etti. İlk Tapınak'ta Yahudi ulusu, ilk bölümde anlattığımız gibi, Yaradan'la en yüksek bağ seviyesini edindi ve daha sonra Babil'den sürgün edilene kadar giderek bu seviyeden düşmeye başladı. İsrail topraklarına döndüklerinde, ulusun önemli bir kısmı diasporada kalmayı ve asimile olmayı seçti.

Aslında mesajın yayılmaya başlaması bu şekilde olmuştur. İnsanlar bir kez ıslah olup -benmerkezci olmaktan çıkıp, Yaradan'ı keşfetmiş- böyle düşüncelere sahip olmayan diğer insanlarla kaynaştığında, bu soylu düşünceler, yaşanan toplum içinde yayılmaya başlar ve insani düşüncelerin oluşmasına yardım eder. Islah olmamış bu düşünceler, egoizme baskın gelerek, evrensellik ve insanlık kavramını bir şekilde insanların aklına yerleştirmeye başlar.

Rönesans döneminde birçok düşünür, Yunanlıların Yahudilerden, özellikle Kabala'dan kopya ettiği bazı kavramları korumuştur. Örneğin Johannes Reuchlin (1455-1522), Kabala Sanatı Üzerine adlı kitabında şöyle yazmıştır: "Aslında, Pisagor'un üstünlüğü Yunanlılardan değil, Yahudilerden gelmiştir... Yunan felsefesinin içine, Kabala'yı sokan, odur."

1918'de Fransız şair, Charles Wagner, şöyle yazmıştır: "Tarihteki hiçbir görkemli isim -Mısır, Atina, Roma- Kudüs'ün içsel büyüklüğüyle karşılaştırılamaz. İsrail sosyal adalete susamışlığı ve adaletin kaynağı olan içsel yüceliğiyle bilinir."

Michael Laitman

Bir Demet Başak Gibi

Hristiyan tarihçi Paul Johnson Yahudilerin Tarihi adlı kitabında şöyle yazar: "İnsanlık üzerinde Yahudilerin etkisi çok yönlüdür. Onlar, eski çağlarda din ve ahlak açısından yenilikçi oldular. Karanlık çağlarda ve erken ortaçağ Avrupa'sında gizli bilgiyi ve teknolojiyi yayan, çağın ilerisindeki insanlardı. Yavaş yavaş itildiler ve düştüler; on sekizinci yüzyılın sonunda insanlık uygarlaşırken, onlar dağınık ve gerici olarak görüldüler. Fakat sonra yaratıcılığın ikinci şaşırtıcı patlaması geldi. Gettolardan kurtularak, bir kez daha insan düşüncesini kalıcı bir şekilde dönüşüme uğrattılar. Modern dünyanın pek çok ruhsal öğretisi Yahudi kaynaklıdır."

Benzer şekilde, "Yahudilerin Hediyeleri: Çölün Göçebe Kabileleri Nasıl Olur da İnsanların Düşünce Yapısını ve Hislerini Değiştirir" adlı kitabında yazar Thomas Cahill, Babil sürgünüyle başlayan Yahudilerin dünyaya etkisini şöyle tarif eder: "Her şeyi Yahudiler başlattı. Bunu demekle şunu kastediyorum; Yahudi olan ve olmayan, inanan ve inanmayan, hepimizin değer verdiği pek çok şeyi çalışmamıza sebep olan her şeyi. Yahudiler olmadan dünyayı farklı gözlerle görür, farklı kulaklarla dinler, hatta farklı hislerle hissederdik... Farklı bir akılla düşünür, deneyimlerimizi farklı yorumlar, önümüzde olan şeylerden farklı sonuçlar çıkartırdık. Ve yaşamlarımız şimdikinden farklı bir yönde olurdu."

Birçok tanınmış Yahudi liderleri de Yahudi ilminin yayılmasıyla ilgili yazmıştır. Örneğin Rav Shmuel Bernstein şöyle yazar: "Yunanlılar, Birinci Tapınağın yıkımından sonra ellerine geçirdikleri Kral Süleyman'ın yazılarını kaynak olarak kullandıkları felsefe ilmine sahiptir. Ancak, bu yazılar eksiltmeler, ilaveler sebebiyle bozulmuştur. Aslında ilmin kendisi iyidir ama arasına bazı kötü kısımlar karışmıştır."

Bir Demet Başak Gibi

Michael Laitman

Kabala İlmi ve Felsefe adlı kitabında Baal HaSulam benzer şekilde şöyle yazmıştır: "Kabala'nın ataları, Plato ve onun Yunan meslektaşlarının öğrencileriyle çalışırken, Kabala ilminin üst kabuğunu çalmalarından şikayet eder. Onlar, İsrail ilminin temel elementlerini çalmışlar ve kendilerinin olmayan bir pelerin giymişlerdir."

YAHUDİ EFSANESİ

İlk Tapınağın yıkımından sonra Babil'de kalan Yahudiler öğretilerini o topraklara miras bırakarak, hiçbir iz bırakmadan ortadan kayboldu. Daha sonra İkinci Tapınak yıkıldığında, tüm Yahudi halkı sürgün edildi ve dünyayı iki öğretiyle tanıştırdı: "Komşunu kendin gibi sev" ve dünyaya hükmeden tek güç anlamındaki "tektanrıcılık." Bu kavramlar, insanlığın ıslahının başarısı için gereken temel kavramlardır çünkü bunlar doğru anlaşıldığında, ıslahımız gerçekleşir.

Cambridge Üniversitesi Profesörü T.R. Glover, Kadim Dünya adlı kitabında şöyle yazar: "İlginçtir ki, dünyanın tüm dinleri Yahudi kaynaklı dini kavramlardır." Benzer şekilde, önce Nazilere katılıp sonra ayrılan sağcı Alman devrimci Herman Rauschning, Cehennemden Gelen Yaratık adlı kitabında şöyle yazmıştır: "Musevilik bizim Batı Hristiyan medeniyetimizin vazgeçilmez bir ögesi, insanlığın tekrar ve tekrar karşı çıktığı ebedi çağrının sahibidir."

Yahudi Dağılımı adlı kitabında Yaakov Leschzinsky şöyle yazar: "Yahudi diasporasına medeni dünya açısından baktığımızda, bu kadim ulusun %99'unun yeni topraklarında sadece elli ya da altmış yıldır yaşıyor olmasını ve ayaklarının altındaki toprağın, başlarının üzerindeki gökyüzünün çok yeni olduğu gerçeğini görmek şaşırtıcıdır. Oysa asırlardır Yahudiler beş kıtada yüzden fazla ülkeye yayılmıştır."

Yahudilerin diğer uluslarla kaynaşması, Musa'nın ıslahını tamamlamak için özellikle gereklidir. İsrail diğer uluslardan ayrı olduğu sürece yukarıda bahsedilen Museviliğin kalbindeki öğreti bozulmaz, şu bir gerçektir ki Yahudilerin diğer ulusların içinde sürgünde olmakla kazanacağı çok şey var. Bu sebeple Mezmurlar kitabı bize, Yahudilerin "Kendilerini diğer uluslarla kaynaştırmak ve onlardan öğrenmek için" sürgün edildiğini yazar.

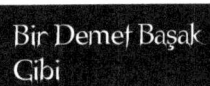

Michael Laitman

ÂDEM – İLK İNSAN, KOLEKTİF RUH

ARİ'nin açıkladığına göre, bizler Kabalistler tarafından Adam HaRişon (ilk insan), diğerleri tarafından Âdem olarak adlandırılan tek ruhun parçalarıyız. Sürgün ıslah sürecinin devamlılığı için gerekliydi, der ARİ. Ayetlere Kapı adlı eserinde şöyle yazar: "Âdem, tüm ruhları ve tüm dünyaları içinde barındırır. Günah işlediğinde, tüm ruhlar yetmiş ulusa ayrılıp, Klipot'a (kabuklar, egoizm formları) düşer. İsrail her bir ulusun içinde sürgünde olmalı ve dikenlerin arasındaki kutsal ruhları bir araya getirmelidir, atalarımızın yazdığı gibi, 'Neden İsrail diğer ulusların arasına dağıldı? Yabancıları kendine eklemek için.'"

Bu bağlamda, NATZIV şöyle yazar: "Onun başlangıcı Sina Dağı'ydı... Fakat bu meseleyi sadece sürgün ve dağılım vasıtasıyla tamamladılar."

Yahudilerin ve daha sonra dünyanın ıslahının tamamlanması için sürgün gerekliydi. Daha önce söylediğimiz gibi, İbrahim Babil halkına ıslah metodunu sunduğunda, onu reddettiler çünkü egoist olmakla çok meşguldüler. Eğer bizler tek bir kolektif ruhun parçalarıysak, ARİ'nin işaret ettiği gibi, hepimiz Yaradan'ı keşfedip, O'na benzer hale gelerek ıslaha erişmek zorundayız. 2. Bölümde söylediğimiz gibi, bu O'nun arzusudur.

İbrahim'in ıslahı sürecin sonu değil başlangıcıydı. "Ve Onlar Şehirler İnşa Etti" adlı uzun makalesinde Baal HaSulam şöyle yazar: "İbrahim Peygamberin Yaradan'a ne sorduğunu anlamak zorundayız, 'Onun mirasçısı olacağımı nereden bileceğim?' Yaradan ne cevap verdi? Şöyle yazar 'Ve O, İbrahim'e şöyle dedi: Kesinlikle şunu bil ki, senin tohumların onların olmayan topraklarda yabancı olacaktır.'" Baal HaSulam bu cevapla ilgili olarak şunu açıklar; Yaradan, ıslah olmamış uluslarla (bu uluslar Mısır'la temsil edilir),

Michael Laitman

Bir Demet Başak Gibi

ıslah olmuş ulusun (İsrail) kaynaşmasıyla, tüm insanların ıslaha erişeceği sözünü İbrahim'e verir.

Şaşırtıcı bir şekilde, Yaradan İbrahim'e verdiği cevapta, ona sürgün sözü verir. Sadece bu değil, der Baal HaSulam: "İbrahim söz verilen topraklar için bunu garanti olarak görür." İbrahim, insanlığın ıslahının tamamlanması için arzuların kaynaşmasının -dünyanın farklı uluslarıyla temsil edilen-gerekli olduğunu biliyordu. Her bir ulusun Âdem'in ruhunun parçalarını temsil ettiğini düşünürsek, her bir parçanın ıslah metodunu öğrenmesi ve benimsemesi gereklidir.

Islah sürecinin insanlığa yayılmasının bir parçası olan İbrahim, bir ulus haline gelen kabilesiyle beraber Mısır'a sürgüne gitti. İlk ve İkinci Tapınağın yıkımından sonra İsrail ulusu sürgün edildiğinde, ıslah metodunu tüm dünyaya tanıtmaya başladı.

Metot, insanlık tarafından açıkça benimsenmese de, yine de bunu arzulayan insanların ıslah sürecini başlatacak olan bu öğretiler, tohumlarını dünyaya ekti.

"Arvut" (Karşılıklı Sorumluluk) makalesinde Baal HaSulam, diğer ulusların ıslahı için, önce İsrail ulusunun kendini ıslah etme sürecini detaylı bir şekilde anlatır. Şöyle yazar: "Rav Elazar, Arvut kavramını net bir şekilde ortaya koyar. İsrail'in her birinin birbirinden sorumlu olması onun için yeterli değildir, tüm dünya Arvut'a dahil olmalıdır... Herkes kabul eder ki, başlangıçta Tora'yı yerine getirmek (ihsan etme yasası) için, tek ulus yeterlidir. İlk seferde tüm uluslarla başlamak mümkün değildir, şöyle dendiği gibi: 'Yaradan Tora'yla her ulusa, her dile gitti ama onlar almak istemedi.' Diğer bir deyişle, onlar kendini sevmeye o kadar dalmışlardı ki, o günlerde bunu bırakmaya hazır olup olmadıklarını sormak bile mümkün değildi.

Bir Demet Başak Gibi

Michael Laitman

"...Oysa dünyanın ıslahının sonu, sadece insanlar O'nun çalışması içinde olduğunda gelecek, şöyle yazıldığı gibi: 'Ve Yaradan tüm yeryüzünün Kralı olacak; o günde O ve adı, Bir olacak'... 'Ve tüm uluslar O'na doğru akacak.'

"İsrail'in dünyanın diğer milletlerine karşı rolü, Kutsal Babalarımızın İsrail ulusuna karşı rolüne benzer. Tıpkı babalarımızın dürüstlüğünün, Tora'yı almaya değer olmak için arınmamıza ve gelişmemize yardım etmesi gibi... O'na benzer (Dvekut) olabilmek için diğer dünya uluslarının, Tora ve Mitzvot (egoizmin ıslahı) vasıtasıyla, Yaratılışın amacına merdiven olan, başkasını sevme çalışmasını üzerlerine alana kadar gelişmesi, İsrail'in kendi değerini arttırmasına bağlıdır."

Benzer şekilde bir başka makalesinde Baal HaSulam şöyle yazar: "Genel amacın ve ıslahın operatörü olarak seçilmiş İsrail halkı, büyümek, gelişmek, dünya uluslarını harekete geçirmek ve ortak amaca ulaşmak için gereken hazırlığa sahiptir."

Baal HaSulam ve oğlu Rabaş, diğer dünya uluslarına ıslah metodunu getirecek olan İsrail'in rolünden bahseden son Kabalistlerdi fakat kesinlikle ilk değillerdi. Sayısız din adamı ve Kabalist bundan bahsetmiştir.

Midrash Rabah'ta şöyle yazar: "İsrail dünyaya ışık getirir," Babil Talmud'u şunu ilave eder: "Yaradan, İsrail'i ulusların içine dağıtarak, doğrulukla davrandı." Rav Altar şöyle yazar: "İsrail'in çocuklarının içinde olduğu herhangi bir sürgün, sadece ulusların içine kutsal kıvılcımları yaymak içindir. İsrail'in çocukları tüm dünyayı ve ulusları ıslah etmek için aldıkları Tora'nın garantörüdür."

Rav Hillel Tzaitlin'de şöyle yazar: "Eğer İsrail tüm dünyanın gerçek kurtarıcı ise, kurtuluş için uygun olmalıdır. İsrail önce kendi ruhunu kurtarmalıdır... Bu amaç için bu kitapla 'İsrail birliği' oluşturmayı diliyorum... Eğer

Michael Laitman

Bir Demet Başak Gibi

bu kurulursa, bireylerin birlik olması, içsel yükselişin ve dünyanın tüm sorunlarının ıslahının sebebi olur."

Bu bölümü, Yaratılışın amacını, insanlığın aydınlanmasını ve bunu başarmada İsrail'in rolünü birkaç paragrafla özetleyen, Baal HaSulam'ın sözleriyle bitirmek istiyorum. Şöyle yazar: "Neden Tora diğer ulusların katılımı olmadan sadece İsrail ulusuna verildi? Aslında Yaratılış amacı eksiksiz tüm insan ırkına aittir. Ancak, Yaratılışın doğasının alçaklığı (egoist olmak) ve insanlar üzerinde gücü olması sebebiyle, insanların anlaması, kabul etmesi ve onun üzerine çıkması imkânsızdır. Onlar, kendini sevmekten vazgeçme ve O'nun niteliklerini edinme demek olan form eşitliğine,- atalarımızın dediği gibi, 'O'nun merhametli olması gibi, sen de merhametli ol'- gelme arzusunu göstermezler.

"Atalarından gelen öğreti sebebiyle, İsrail bunu başardı... Hak kazandı ve kendini amaca getirdi (Yaradan gibi olmak için kendilerini ıslah ettiler). Ulusun her bir üyesi dostunu sevmeye hemfikir oldu (bununla ıslahı başardılar).

"İsrail ulusu, diğer uluslar için bir bağlantı noktasıdır yani İsrail ihsan etme yasasına uyarak kendisini arındırdığı ölçüde, gücünü diğer uluslara geçirir. Ve diğer uluslar da amacı edindikleri (egoizmi iptal ederek kendilerini ıslah ettikleri) zaman, Mesih (son ıslah) gelecektir. Bu sebeple Mesih'in rolü sadece İsrail'in O'nunla birleşme amacını gerçekleştirmek değil, aynı zamanda Yaradan'ın yollarını tüm uluslara öğretmektir, yazıldığı gibi 'Ve tüm uluslar O'na doğru akacak.'"

DÜNYADAN DIŞLANMAK

Michael Laitman

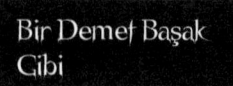

Bir Demet Başak Gibi

Yahudi Düşmanlığının Kökleri

Tarih boyunca hiçbir ulus Yahudiler kadar zulme uğramamış ve her zulümden sonra daha da güçlenerek ayağa kalkmamıştır.

Yahudilerin yıkılmaz oluşu, Yahudi olmayanlardan çok, hayatını devam ettirme kaygısıyla meşgul Yahudiler arasında da soruya neden olur. Ünlü Alma yazar Goethe, Wilhelm Meister'in Çıraklığı adlı kitabında Yahudilerin azmine duyduğu hayranlığı şöyle açıklar: "Her Yahudi belirgin bir şekilde olmasa da, amacın takibini kararlılıkla yerine getirmekle meşguldür... Yeryüzündeki en ebedi halktır."

Goethe'ye benzer şekilde, Cambridge Üniversitesi profesörü T.R. Glover, Kadim Dünya kitabında Yahudi varlığı muammasının altını çizer: "Hiçbir kadim halkın Yahudiler kadar ilginç bir tarihi yoktur. ... Hiçbir kadim halkın tarihi bu kadar değerli olmamıştır. ...Şaşırtıcı olan, Hristiyanlık öncesi uluslarının kaybolan dinlerine karşılık, bu kadim din onları bu zamana kadar korumuştur. ... Asıl mesele 'Ne oldu?' değil, 'Neden böyle oldu? 'Neden Musevilik yaşadı' sorusudur."

Fordham Üniversitesi profesörlerinden Ernest Vanden Haag, şunu sorar: "Dünyadaki nüfusun sadece küçük bir yüzdesini oluşturan Yahudilerin, Batı kültürü tarihindeki aşırı öneminin sırrı nedir?"

Fransız matematikçi, filozof Blaise Pascal, Yahudi halkının tarihinden büyülenmiştir. Gizli Amaç adlı kitabında şöyle yazar: "Bu insanlar yalnızca tarihleri nedeniyle saygın değildir, aynı zamanda köklerinin bugüne kadar devam etmesi açısından da tektir. Onlardan çok daha sonra gelen Atina ve Roma uygarlığı ve diğerleri, uzun zaman önce ortadan kaybolduğu halde, yüzlerce kez onları

Bir Demet Başak Gibi

Michael Laitman

yıkmaya çalışan güçlü krallara rağmen, onlar varlıklarını sürdürmüşler, öyle ya da böyle korunmuşlardır." Asırlardır sayısız önemli insanın belirttiği gibi, Yahudiler yok edilemez. Yahudilerin yerine getirecekleri bir görevi var ve bunu gerçekleştirene kadar Doğa, Tanrı, Yaradan, Yahweh ya da O'nu hangi isimle çağırırsanız çağırın, bunun olmasına izin vermeyecektir. Dahası bu görevlerini yerine getirmekten kaçmaya devam ettikleri sürece, Yahudiler kesinlikle soylarının tükenme noktasına gelene kadar acı çekecektir. Yahudilerin köklerini açığa çıkarmak için, zamanda yolculuk yapıp, Yaratılışın başlangıcına gitmemiz gerek.

2. Bölümde Yaradan'ın tek bir arzusu olduğunu belirttik -Yaratıklarına yani biz insanlara iyilik yapmak. Ancak O'nun algısına sahip olmadığımızdan, O'ndan bu iyiliği alamayız.

Bir arkadaşımıza hediye vermek istediğimizde, ona yaklaşır ve veririz. Veren ve alan arasında bir bağ olmalıdır. Tıpkı bunun gibi, O'nun bize verebilmesi için Yaradan ve Yaratılan birbirine bağlanmalıdır. Baal HaSulam'ın yazdığı gibi, "Amacı Yarattıklarına bereketli eliyle haz vermek olan Yaratılış Düşüncesinde, var olan harikaları kişi hisseder. Kişinin edindiği faydanın bereketi sebebiyle kişi ve Yaradan arasında muhteşem bir sevgi oluşur. Ancak, tüm bunlar kişiye Yaradan'ı edindiği anda gelir."

2. Bölümde söylediğimiz gibi bu form eşitliğini, yani Yaradan gibi olma ihtiyacını doğurur. Ne yazık ki, büyük bir çoğunluğumuzun bunun için arzusu yok; bir kâr elde etmek ya da bunu yapmak için bir motivasyon söz konusu olmadığında, vermeye şiddetle karşı çıkarız. RASHI şöyle yazar: "İnsanın kalbindeki eğilim kötülüktür." Bu şu demektir: "Kişi annesinin rahminden çıkar çıkmaz, Yaradan

Michael Laitman

Bir Demet Başak Gibi

onun içine kötü eğilimi yerleştirir," 3. Bölümde söylediğimiz gibi bu egoizmdir, yani kendimiz için alma arzusu. Dolayısıyla, Yaradan'ın cömert, bizimse bunun tersi olduğumuzu düşündüğümüzde, insan ve Tanrı arasındaki uyuşmazlığın belirgin olduğunu görürüz. Eğer bizi O'nun zıttı olarak yarattıysa, O'nunla form eşitliğine nasıl geleceğiz? Egoizmin çaresi daha önce açıkladığımız "kalpteki nokta"da yatar. Dünyayı döndüren şey, Âdem'in, İbrahim'in, Musa'nın ve Babil'den sürülen ulusun, kötü eğilimi iyiliğe dönüştürecek ıslah metodunu geliştirmek için Yaradan'a yakarmasıdır.

> Bir Demet Başak Gibi

Michael Laitman

İÇSEL UYUŞMAZLIĞIN SEMBOLLERİ

Tora'nın eşsiz bir tarih dizimi olup olmadığı tartışılabilir. Fakat İsrail'in büyük ataları asırlar boyu Tora'nın tarihi geçerliliğiyle ilgilenmemişlerdir. Daha ziyade onu, kişinin ıslah yolunda tecrübe ettiği içsel, manevi süreci anlatan bir alegori olarak görürler. Onlara göre Babil kralı Nemrut, ihsan etmeye, Yaradan'a karşı başkaldırıyı temsil eder; Firavun kötü eğilimin somut bir örneğidir ve her ne kadar kişinin manevi gelişiminde daha sonraki aşama olsa da, Haman da buna dahildir.

Bu sebeple RASHI şöyle yazar: "Tüm dünyayı Yaradan'a karşı kışkırttığı için, onun adı Nemrut'tu."

Firavunla ilgili olarak Maimonides şöyle der: "Şunu bilmelisiniz ki, Mısır kralı Firavun aslında kötü eğilimdir." Benzer şekilde Elimelech şöyle yazar: "...Firavun'a kötü eğilim denir."

Rav Katz Firavun'la ilgili olarak şu açıklamayı yapar: "Firavun insanların gitmesine izin verdi," bu kişinin manevi gelişiminde kötü eğilimin ağır prangalarından kurtulması aşamasını belirler. Şöyle devam eder: "'Ve Firavun gitmelerine izin verdiğinde' —Mısır'dan çıkışta olduğu gibi, kişinin organları kötü eğilimin otoritesinden çıktığında, egoizmin 49 kapısından geçerek kutsallığa ulaşır."

Aynı kitapta Rav Katz, Haman'la ilgili görüşlerini şöyle açıklar: "Haman'ın elli kubit yüksekliğinde darağacı yapmak için verdiği talimatlar, kötü eğilimin aklıdır." Benzer şekilde, Rav Jonathan Eibshitz, Bal Petekleri adlı kitabında şöyle yazar: "Kötü eğilim olan Haman..."

Yakın zamanda din adamları ve Kabalistler Islah Zamanının yaklaştığını hissederek, sözlerine bazen açık bazen kapalı imalar eklediler. Bu nedenle ıslah metodunun uygulanmasının aciliyetini hisseden Yehuda Aslag, kötü eğilimin üstesinden gelmenin ve başarılması gereken yolun

Michael Laitman

Bir Demet Başak Gibi

arasındaki bağlantının, birlik olduğunu söylemiştir. "Belli İnsanlar Var" makalesinde Baal HaSulam bize şunu anlatır: "'Uzaklara yayılmış ve başka insanların arasına karışmış insanlar var.' Biz Haman halkı, Yahudileri yok etmeyi başaracağız, çünkü onlar birbirinden ayrıldı, böylece onlara karşı gücümüz kesinlikle galip gelecek, çünkü bu ayrılık insanla Yaradan arasındaki ayrılığa sebep olmaktadır." Bu, Yahudileri ihsan etme niteliğinden, Yaradan'dan ayıran egoizmdir, böylece egonun gücü, kötü eğilim "kesinlikle galip gelecektir." Bu sebeple der, Baal HaSulam, "ayette yazdığı gibi, 'Yahudiler bir araya geldi...' bir araya gelmeleri ve hayatları için ayağa kalkmaları için, Mordehay kötü eğilimi durdurmaya gitti. Bu kendilerini birlik olarak korudular demektir."

O zaman öyle ya da böyle Nemrut, Firavun, Balak, Balaam ya da Haman'ın gerçekte az önemli olduğu sonucuna varabiliriz. Önemli olan şey şudur ki, bu karakterlerle temsil edilen nitelikler, içimizde mevcuttur ve üstesinden geldiğimiz manevi aşamaları alegorik olarak anlatır.

Egoizmin bu niteliklerini yendiğimizde, kurtuluşla, Yaradan'la form eşitliğine gelme ile ödüllendiriliriz. Ve Yaradan bize iyilik yapmak istediğinden, içimizdeki bu nitelikleri ıslah ettiğimizde, egoizmden kurtulur ve O'nun niteliklerini ediniriz.

Eğer bu egoizm örneklerinden herhangi biri, yaşıyor olsaydı, kesinlikle onu Yahudi düşmanlığının en kötü örneği olarak sınıflandırırdık. Bu bağlamda Rav Kook şöyle yazar: "Amalek, Petlura (Yahudi düşmanı Ukraynalı lider), Hitler ve diğerleri kurtuluş içindir. İlk Borazanın (kurtuluşun sembolü, Şofar) ya da ikincisinin sesini duymamış olanın... Kulakları tıkalı olduğundan, kötü olan borazanın sesini arzusu dışında duyacaktır."

Michael Laitman

İKİ YOL - BİRİ ACI, BİRİ TATLI

Kurtuluş aşaması -tüm insanlığın Yaradan'ı edinmesikaçınılmazdır. Baal HaSulam bunu başarmanın iki yolu olduğunu söyler: Kişinin ihsan etme yasasını bir yaşam biçimi olarak benimsediği mutluluk yolu ya da realitenin ihsan etme yasasını benimsemeye bizi zorladığı, acının yolu.

Atalarımızın sözleri zorlayıcı gibi görünse de, bir temele dayanır. Talmud şöyle yazar: "Elazar der ki, 'Eğer İsrail tövbe ederse, kurtulur. Eğer etmezse, kurtulamaz.' Yeshoshua ona şöyle der: 'Eğer tövbe etmezlerse, kurtulamazlar, Yaradan onlara Haman'ınkiler kadar zorlayıcı hükümleri olan bir kral gönderir, İsrail tövbe eder ve O, onları ıslah eder.'"

Sina Dağı'nın eteklerinde Tora'yı muhteşem bir görsel şölenle aldığımız o büyük an, anlatıldığı gibi çok neşeli bir festival havasında değildi. Talmud bize der ki, öyle koşullar söz konusuydu ki, almaktan başka bir seçeneğimiz yoktu. Bugünün terminolojisiyle şöyle diyebiliriz: Yaradan bize reddedemeyeceğimiz bir teklifle geldi. "Şöyle yazar: 'Ve dağın eteklerinde durdular.' Rav Dimi Hama bunun anlamının Yaradan'ın Sina Dağı'nı İsrail önüne engel olarak çıkartması olduğunu ve Yaradan'ın onlara şöyle dediğini söyler: 'Eğer Tora'yı (ihsan etme yasası) kabul ederseniz bu çok iyi, fakat kabul etmezseniz burası sizin mezarınız olur.'"

Aslında ailenin en büyük oğlu olmanın kolay olduğunu kimse söyleyemez. Fakat İbrahim'in kavmi Yahudiler bu durumdadır. Yaratılışın amacını ilk edinenlerdir; dolayısıyla tüm insanlığın yolunu açmak onlara bağlıdır. Bunu üzerimize almaktan kaçındıkça, tüm uluslarla karşı karşıya gelmemiz kaçınılmazdır.

DÜNYANIN DOKTORU

Kanseri iyileştirecek ve tekrar ortaya çıkmasını engelleyecek bir dizi egzersiz keşfettiğinizi ve bunu tüm dünyaya anlattığınızı hayal edin, tıpkı İbrahim'in Babil'de yaptığı gibi, ama egzersizler yorucu ve monoton olduğu için reddediliyorsunuz ve kimse iyileşemiyor.

Bu sebeple yıllar sonra dünyada milyonlarca insan kanser hastası oluyor. Hayal meyal, sizin bunun çaresini bildiğinizi hatırlayıp, çaresizlikle geliyor ve hayatlarını kurtarmanız için size yalvarıyorlar. Çarenin ne olduğunu unutmuşlar. Siz bu egzersizlerin çare (Segula) olduğunu biliyorsunuz, fakat kendinizi güçlü ve sağlıklı hissettiğinizden bunları tekrar öğrenmek ve milyonlarca insana öğretmek için bir sebep görmüyorsunuz. Dünyanın sizinle ilgili ne düşüneceğini, insanların ne yapacağını hayal edebiliyor musunuz?

Dünya ile ilişkisinde Yahudilerin durumu da kesinlikle böyledir. Dünya kötü hissetmeye ve insanlar zor durumlarından çıkmanın yollarını aramaya başladı. Bizim seçilmiş insanlar olduğumuzu ve kurtuluşu getireceğimizi biliyorlar. Kurtuluşun doğalarını değiştireceğinden haberleri yok ama kurtuluşun gerekli olduğunu hissediyorlar.

Yeni Ahit'teki şu ayetler, "Siz bilmediğiniz bir şeye taparsınız; biz ise bildiğimiz bir şeye taparız çünkü kurtuluş Yahudilerden gelir," "Yahudilerin ne avantajı vardır? ... Her açıdan çok. Öncelikle onlar Tanrı'nın kerametlerini üzerlerine almışlardır," Yahudilerin eşsiz rolünü ifade eden sayısız ayetten sadece ikisidir. Görevimizi yerine getirmezsek, karşılığında şimdilerde anti-semitizm olarak adlandırdığımız nefret ve düşmanlığı kendimize çekeriz.

İslam'ın ve Hristiyanlığın kutsal kitaplarına, sayısız düşünürün ve devlet adamına göre bizler farklı ve eşsiz bir ulusuz. Aşağıda tanınmış birkaç kişinin Yahudilerin eşsizliğiyle ilgili görüşlerini okuyacaksınız:

69

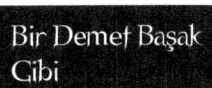

Bir Demet Başak Gibi

Michael Laitman

Winston Churchill, İkinci Dünya Savaşı sırasında İngiltere Başbakanı: "Bazı insanlar Yahudiler gibidir, bazısı ise değildir. Fakat hiçbir akıllı insan Yahudilerin dünya üzerindeki en dikkat çekici ve güçlü ırk olduğu unsurunu inkâr edemez."

Lyman Abbott, Amerikan kongre üyesi, editör ve yazar: "Zaman zaman Yahudilere karşı önyargılarımız alevlendiğinde, şunu unutmayalım ki sahip olduğumuz herşey, Tanrı'nın izniyle Museviliğin bize verdikleridir."

Huston Smith, iki milyondan fazla satan Dünya Dinleri kitabının yazarı Amerikalı Profesör: "Yahudi tarihi boyunca çok dikkat çekici bir nokta var. Batı medeniyeti Orta Doğu'da doğdu ve Yahudiler onun kesişme noktasındaydı. Roma'nın en parlak döneminde, Yahudiler İmparatorluğun merkezine çok yakındı. Güçler doğuya kaydığında, Yahudi merkezi Babil'di; İspanya'ya geçildiğinde orada yine Yahudiler vardı. Orta Çağ'da medeniyetin merkezi Orta Avrupa'ya geldiğinde, Yahudiler Almanya ve Polonya'da bekliyordu. Amerika'nın dünyanın lideri olarak yükselmesi Museviliğin orada olmasıyla gerçekleşti. Ve şimdi, sarkaç Kadim Dünyaya doğru dönüyor gibi gözüktüğünden, Doğu'nun önemi artıyor ve orada yine Yahudiler var..."

Leo Tolstoy, Anna Karanina kitabının yazarı, Rus romancı: "Yahudi nedir? ... Dünyanın tüm uluslarının küçülttüğü, ezdiği, kovduğu, yaktığı, zulüm ettiği ve yıkmaya çalıştığı bu eşsiz ulus nasıl bir ulustur ve tüm bu kızgınlığa ve öfkeye rağmen yaşamaya ve yayılmaya nasıl devam eder? Dünyanın tüm kışkırtmalara rağmen üzerinde başarılı olamadığı ve onlara zulmedenlerin, dinlerini ve atalarının inancını bir tarafa attıkları izlenimini vermeye çalıştığı, bu Yahudiler kimdir?

"Yahudiler ebediyetin sembolüdür. ...Onlar çok uzun zamandır peygamber mesajının koruyucuları ve insanlığa

Michael Laitman

Bir Demet Başak Gibi

yayıcılarıdır. Böyle insanlar asla yok olmaz. Yahudiler ebedidir. Ebediyetin vücut bulmuş halidir."

Tolstoy'un söylediği gibi bizler ebediyetin sembolüyüz çünkü Yaradan'ın cömertlik niteliği bizim manevi genlerimizde mevcuttur. Dahası, kanser örneğinde olduğu gibi kendimizi bilinçli bir şekilde manevi seviyeye yükseltmez ve arkasından tüm insanlığı uyandırmazsak, huzura kavuşamayız.

Yukarıda söylediğimiz gibi, genel ıslahın zamanı bu zamandır. Böyle bir zamanda herşey küreseldir. Birinci ve İkinci Dünya Savaşı'nda olduğu gibi, kolektif hafızamıza yerleşmiş acılar, kim olduğumuzu ve neyi başarmamız gerektiğini bize hatırlatıyor.

Gelecekte böyle felaketlerle karşılaşmamız için, soykırımdan sonra atalarımızın verdiği önerilere bir göz atmalıyız. Gelecek bölümde bunları inceleyeceğiz. Bir kez ne dendiğini bildiğimizde, kendimize ve dünyaya yardım için yapmak zorunda olduğumuz şeyi anlarız.

FEDA EDİLEBİLİR

Michael Laitman

Bir Demet Başak Gibi

Modern Anti-Semitizm

Birinci bölümde, insan doğasında sürekli büyüyen egoizmi İbrahim'in keşfettiğini söylemiştik. İnsan sınırsızca almak üzere yaratıldığı için keşfettiği bu metotta egoizmi baskılamanın imkânsız olduğunu biliyordu. Onun tek sorusu insanoğlunun bu bereketi nasıl alacağıydı. Çalışarak ve birlik olmayı arzulayarak, insanların yeni bir algı seviyesine yükseleceği bir metodu keşfetmişti. Bu şekilde Yaradan'ın doğasına benzer olmayı talep edenler, kendilerine ya da çevrelerine zarar vermeden sınırsızca haz alabilirler.

Mısır'dan çıkış ve İsrail ulusunun yapılanması beş asırlık bir aşamayı kapsar. Bu süre zarfında, İsrail, aile üyelerinden oluşan bir grup olmaktan çıkıp, amacı Yaradan'ı edinmek olan bir ulus haline geldi.

Yahudiler en yüksek seviyeye yükselmeyi amaçladıklarından, bir taraftan kendi anlayışlarını tüm insanlığa yayarken, diğer taraftan gerçek niyetlerini asla terk etmediler. Bu onların uluslara vermek istediği "ışık" olma desteğiydi. Nesiller boyu "ışık", ulusların Yahudilerden almak istediği ve eksikliğinde tüm felaketlerin sebebi olan şeydi.

Yahudilerin Tarihi adlı kitabında tarihçi ve yazar, Paul Johnson, İbrahim'i keşfetmeye yönelten ve insanlığı bugüne getiren soruları irdeler. Johnson, Yahudilerin bu soruların cevabını keşfetmelerine, bu uyumlu yasalarla yaşamalarına ve başkalarına öğretme çabalarına olan hayranlığı gizlemez. Şöyle yazar: "Bu kitap bana 4000 yılı kapsayan çalışmalarımın ışığı altında, insanlığın en zor sorusunu objektif olarak tekrar düşünme fırsatı verdi: Biz ne için yeryüzündeyiz? Tarih, sonucu anlamsız olan bir seri olay mı? İnsan ırkının tarihi ile diyelim ki karıncaların tarihi arasında hiçbir fark yok mu? Ya da ilahi bir plan mı var? Yahudilerin dışında hiç kimse tarihin bir amacı ve insanlığın bir kaderi

73

Bir Demet Başak Gibi

Michael Laitman

olduğu konusunda ısrar etmedi. Kolektif mevcudiyetlerinin erken aşamalarında, insanlık için kendi toplumlarının kılavuz olduğu ilahi bir plan keşfettiklerine inandılar. Rollerine müthiş detaylı olarak çalıştılar. Zalim acılara kahramanca katlanarak buna tutundular. Çoğu halen daha buna inanır. Diğerleri ise bunu koşullarını yükseltmek için özgürlük çabasına dönüştürdü. Yahudi vizyonu, birçokları için bir örnek olmuştur. Dolayısıyla Yahudiler, insanlara amacın önemini göstermek için verilen çabaların merkezinde durmaktadır."

Michael Laitman

Bir Demet Başak Gibi

DUVARDAKİ YAZI

Hal böyleyken 20. yüzyılın başında, Yahudiler yerine getirmeleri gereken görevlerini, ya emirlerin içsel manasını unutarak ya da reddederek yerine getirmekle meşgul oldular, ya da yerine getirmeleri gereken görevlerini unutarak veya reddederek dünyasal maddi arzulara dalıp, amaçtan uzaklaştılar. Egoizmin dünya barışını tehdit eder seviyeye gelmesiyle, gidilen yol arzulanmaz oldu ve ulusun bazı ruhani liderleri uyanmamız ve felaketler başlamadan görevimizi yerine getirmemiz için bizi uyarmaya başladı.

Kabalist Abraham Kook, büyüyen anti-semitizme karşı Yahudileri çaresizce uyarmaya çalıştı. Hiçbir ülkenin onlar için güvenli olmayacağı ve İsrail'in tek güvenli seçenek olduğu konusunda onları uyardı. Geçmişe baktığımızda onun uyarıları, bu insanların berrak vizyonunun derinliklerine göz atmamızı gerekli kılıyor.

Rav Kook'un, Yahudilerin İsrail'e gelmelerini konu ettiği eseri, "İsrail Topraklarına Büyük Çağrı" adını taşır. Bu eserinde sadece rica etmez, aynı zamanda gelecekteki muhtemel topraklarıyla ilgili olarak onları uyarır: "İsrail Topraklarına gelin, sevgili kardeşlerim. Ruhunuzu, neslinizin ruhunu ve tüm ulusun ruhunu kurtarın. Onu yalnızlıktan ve unutulmaktan kurtarın; düşmekten ve bozulmaktan kurtarın; temiz olmayandan ve kötülükten kurtarın, başına gelecek her zorluktan, acıdan onu kurtarın.

'''İsrail Topraklarına gelin!' Yüksek ve korkunç, gürültülü, fırtına koparan, cenneti ve yeryüzünü sallayan, kalpteki her duvarı yırtıp atan, bir sesle size sesleniyorum. Yaşamlarınız için İsrail Topraklarına gelin. Yaradan'ın sesi bizi çağırıyor, Eli bize uzanıyor, O'nun ruhu kalplerimizde ve O bizi bir araya getiriyor, cesaretlendiriyor ve yüksek sesle bağırmamızı sağlıyor: 'Kardeşlerimiz, sevgili aziz kardeşlerim, İsrail Topraklarına gelin. Resmi sözleri ve emirleri beklemeden

Michael Laitman

teker teker bir araya gelin; izin beklemeyin. Elinizden geleni yapın, herşeyi bırakın ve bir araya gelin. Baskılanan aziz ulusumuz için yolu açın. Yolun açık olduğunu onlara gösterin. Durmayın; talep edecek başka bir şeyi yok; pek çok yolu ve rotası yok. Sadece tek bir yol var ve bu yürünecek yol; İsrail Topraklarına yürünmesi gereken yol."

Rav Kook düşüncesinde yalnız değildi. Polonya'da parlak bir yargıç olan Rav Yehuda Aşlag, ki daha sonra Zohar Kitabı'nı tefsir etmiştir, tüm Yahudilerin Avrupa'dan ayrılması gerektiğini açıkça söylemekten çekinmemiştir. Bu sebeple, İsrail'e gönderilmek üzere İsviçre'den 300 tahta kulübe temin etti.

Ne yazık ki onun planı Polonya'daki Yahudi cemaati liderleri tarafından hoş karşılanmadı. Aşlag'ın, Yahudileri beraberinde götürme arzusu başarısızlıkla sonuçlanmasına rağmen, o ve ailesi İsrail'e göç etti. Geri kalan aileler Polonya'da kaldı ve Soykırımda ortadan kayboldu.

Hem Rav Kook hem Rav Aşlag (Baal HaSulam), Nazizmin ve özellikle Hitler'in gücünün artmasıyla ilgili yazmıştır. Unutmayalım ki Rav Kook, 2. Dünya Savaşı'ndan dört yıl önce 1935'te ölmüştür. Baal HaSulam da Nazizm nasıl yok edileceği ile ilgili olarak şöyle yazar: "'Özgeciliğin dini' olmadan Nazizm'i alt etmek mümkün değildir." Baal HaSulam "özgeciliğin dini" dediğinde belli ritüelleri yerine getirmeyi veya bazı özel davranışlarda bulunmayı kast etmiyor. Daha ziyade, "özgeciliğin dini" demekle kişinin doğasını özgeciliğe doğru değiştirmesini kast ediyor. Ama insanlar bu değişimle ilgilenmeden kendi değer yargıları içinde kalmayı da seçebilir.

Baal HaSulam, Nazi Almanya'sının, tarihte bir kez gerçekleşecek bir şey olduğu düşüncesini reddediyor. Belki ilkti ama o inanıyordu ki, yapmamız gereken yapmazsak, sonuncusu olmayacak. Şöyle der: "Öyle görünüyor ki,

Michael Laitman

Bir Demet Başak Gibi

insanlar Nazizm'in sadece Almanya'nın bir ürünü olduğunu düşünüyor, oysa tüm uluslar için bu geçerlidir, Nazilerin müttefiklerin zaferiyle ortadan kaybolacağını umut etmek tamamen hayaldir, çünkü yarın Anglo-Saxonlar Nazizm'i kucaklayabilir..."

Dünya genelindeki Yahudi düşmanlığının ışığında, bu bilge adamın sözlerini ciddiye almak akıllıca olacaktır. Ne de olsa açıkça görüyoruz ki, dünyada ne anti-semitizm, ne Nazizm, ne de Yahudileri durdurma arzusu kayboldu.

Bir Demet Başak Gibi

Michael Laitman

NEYE İHTİYAÇLARI VAR, BİZ ONLARA NE VERİYORUZ

Bu bilgilerin ışığı altında, öyle görünüyor ki, dünya tüm insanlığın iyiliği için bilim, eğitim, ekonomi, sosyoloji ve psikolojide kısacası hayatın her alanında, Yahudilerin katkıda bulunmasından hoşnut değil. Ancak bu hoşgörüsüzlük, gerçekte onlara verdiğimiz şeyin, bizden istedikleri şey olmadığının göstergesi.

Aslında, Yahudi halkının birlik içinde olduğunu herkes görüyor ancak bu birliği, onların almak istediklerini değil, bizim vermek istediğimiz şeyi vererek bozan, biziz.

Dünyanın bizden beklediği şeyi daha iyi anlamak için, Yahudilerle ilgili yazılan birkaç yazıya göz atalım. Bu yazılara en iyi örneklerden biri, Henry Ford'un (Ford Motor Şirketinin kurucusu) ünlü kitabı Uluslararası Yahudi-Dünyanın Önde Gelen Sorunu'dur. Kitap, düşünmeye değer konulara parmak basar. Bunun için önyargılarımızı bir kenara bırakıp, Ford'un kanıtlarına içtenlikle bakalım: "Her Yahudi şunu da bilmek zorundadır ki, Peygamber sözlerinin geçerli olduğu ve çalışıldığı her Hristiyan kilisesinde, gelecekte Kadim İnsanların yeniden canlanacağı inanışı mevcuttur. Dünyadaki konumları ile ilgili olarak Yahudilere bazı vaatler verildiği ve bu kehanetlerin yerine getirileceği sözünün verildiği unutulmamalıdır. Yahudilerin geleceği, bu gezegenin geleceğiyle çok yakından ilgilidir ve Hristiyan kilisesi büyük ölçüde... Seçilmiş İnsanların sonunda geleceğini bilir. Eğer Yahudi kitleleri onları ilgilendiren tüm bu kehanetlerin kilisede nasıl çalışıldığını ve bu kehanetlerin gerçekleşeceği inancının topluma büyük Yahudi hizmeti olarak nasıl geri döneceğini bilseydi, muhtemelen kiliseye farklı bir gözle bakardı."

Bunun öncesinde Henry Ford şöyle yazar: "İsrail'e temel olan peygamberlik amacı, onların kanalıyla tüm dünya için

78

Michael Laitman

Bir Demet Başak Gibi

manevi bir aydınlanma olacakmış gibi görünüyor." Başka bir yerde şunu ekliyor, "Diğer ulusların Yahudilerden büyük bir talebi var, öyle ki ayrıcalıklı olmalarının henüz yerine getirmeyi başaramadığı şeyi, onların yerine getirmesini, yani onların aracılığıyla kadim peygamberlik inancının yeryüzündeki tüm ulusları kutsamasını istiyor."

Amerika Birleşik Devletleri'nin ikinci Başkanı John Adams, inandığı herşeyi dünyaya Yahudilerin getirdiğini söylemiştir. Şöyle der: "Museviler başka hiç bir ulusun yapmadığı kadar insanları uygarlaştırmıştır. Eğer bir ateist olsaydım ve körü körüne kadere inansaydım, kaderin Yahudileri ulusları uygarlaştırmada en önemli araç olarak seçtiğine inanırdım. Eğer herşeyin tesadüf olduğuna inanan ya da inanır gibi gözüken bir toplulukta ateist olsaydım, şansın Yahudilere, tüm uygarlığın ve ahlakın en temel prensibi olduğuna inandığım kâinatın en yüce, zeki, bilge, herşeye kadir Hükümdarı kuramını, tüm insanlığa yayma ve koruma emri verdiğine inanırdım."

Mark Twain olarak tanıdığımız Samuel Langhorne Clemens, insan ilişkilerinin her alanında Yahudilerin üstünlüğünü kabul ederken bir taraftan da bunun kaynağını araştırır: "...Eğer istatistikler doğruysa, Yahudiler insan ırkının yüzde birini oluşturur. Onlar, samanyolunun parlaklığında kaybolmuş, belli belirsiz bir yıldız kümesidir. Ticari açıdan önemleri, sayılarının azlığıyla orantılı değildir, aynı şekilde edebiyat, bilim, sanat, müzik, finans ve tıp alanında dünyanın büyük isimlerinin arasına katılmaları sayılarının az olmasıyla ilgili değildir. Onlar her dönemde müthiş bir savaş verdiler ve bunu elleri arkalarında bağlıyken yaptılar. Kendileriyle gurur duymalılar ve bundan ötürü hoş görülmeliler.

"Mısır, Babil ve Pers İmparatorlukları büyük bir ihtişamla ve gürültüye, tüm dünyaya yayıldı sonra bir hayal gibi soldular ve kayboldular; onları Yunan ve Roma

79

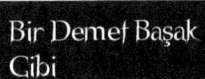

Bir Demet Başak Gibi

Michael Laitman

İmparatorluğu izledi, çok ses çıkardılar ve gittiler. Bazıları onların meşalesini bir süre daha tuttu, sonra o meşaleler de söndü ve şimdi ya alacakaranlıktalar ya da kayboldular. Yahudiler hepsini gördü, yendi ve hiçbir çöküş, güçsüzlük, zayıflık, yavaşlama, körleşme belirtisi göstermeden, dimdik ayakta duruyor. Herşey ölümlü fakat Yahudiler değil, tüm güçler geçer fakat onlar kalır. Peki, onların ölümsüzlüğünün sırrı ne?"

Ve son olarak, Yahudilerin maddi olmaktan çok manevi anlamda özel olduğunu fark eden ve onların maneviyatının özünü yani birlik olmayı, anlatan pek çok kişi olmuştur. Churchill ve Yahudiler adlı kitabında yazar Martin Gilbert, Churchill'den şu alıntıyı yapar: "Yahudiler şanslı bir topluluk çünkü ortak bir ruha, ırklarının ve inançlarının ruhuna sahipler. Sahip oldukları bu ruhu, kendilerini başkalarına kapatarak, sınırlı ya da ayrılıkçı bir şekilde kullanmalarını ya da mizaçlarının, amaçlarının ve büyüklerinin onlara verdiği tavsiyelerin tersine kullanmalarını onlardan isteyemem. Sahip oldukları bu özel güç onlara başka hiçbir şeyin veremeyeceği gücü verir. Bir Yahudi iyi bir Yahudi olmadan, iyi bir İngiliz olamaz."

Bu şekilde görürüz ki, uluslar Yahudilerden bilim, finans ya da başka bir alanda mükemmellik beklemiyor. Dünyanın bizden istediği maneviyattır, yani Yaradan'a bağlanma becerisi. Sahip olduğumuz ve biz onu içimizde alevlendirmedikçe ve diğer uluslara ışık olarak geçirmedikçe, başka bir ulusun sahip olamayacağı ve sahiplenmeye niyetlenmeyeceği, tek şey budur. Bu misyonu yerine getirmekten kaçındıkça diğer uluslar, açıkça zarar vermese bile, bizi büyük oranda gözden çıkarabilir ve bu Henry Ford'un söylediği gibi "Dünyanın en önemli sorunudur."

Michael Laitman

Bir Demet Başak Gibi

İYİLİĞİN DIŞINDA

Dünyanın bizi feda edilebilir olarak düşünmesinin sebebini anlamak için, şu unsurları dikkate almalıyız: 1938 yılında Adolf Hitler, Alman ve Avusturyalı Yahudileri kabul etmeleri için ülkelere çağrı yaptı. Hiçbir ulus bunu istemedi. Hitler'in söylediği şuydu: "Bu suçlulara (Yahudiler), derin sempati duyan diğer ulusların en azından bu sempatiyi yardıma çevirmeleri beklentisi ve umudu içindeyim. Biz Nazi Almanya'sı kendi adımıza bu suçluları diğer ülkelere en lüks gemilerimizle göndermeye hazırız."

Ülkeler oybirliği ile Yahudileri almayı reddetti. 1938'in Temmuz ayında, özgür dünyanın ülke temsilcileri, Fransa'nın Cenevre Gölü kıyısındaki tatil kasabası Evian-les-Bains'te bir araya geldi. Amaçları bu konuyu konuşmak ve çok geç olmadan Almanya ve Avusturya'dan ayrılmak isteyen Yahudilerin, "Yahudi sorununa" çözüm bulmaktı. Alman ve Avusturya Yahudileri bu konferanstan umutluydu. Konferansa katılan ülkelerin onlara yardım edeceğine ve güvenli bir liman bulacağına yürekten inanıyorlardı.

Delegeler, bir taraftan Nazi rejimi altındaki Yahudilerin zor durumuna sıcak yaklaşırken, diğer taraftan hiç bir taahhütte bulunmadı ve çözüm üretmedi. Onun yerine, bir daha tekrarlanmayacak bu konferansı, iyi bir başlangıç olarak sundular. Diplomatik bir şekilde delegeler şunu belirtti: "Büyük sayıda insanın zorunlu göçü, ırksal, dinsel sorunları kronikleştirmiş, uluslararası huzursuzluğu arttırmış ve uluslararası ilişkileri yatıştırma sürecine ciddi şekilde engel olarak, daha şiddetli hale getirmiştir."

Nitekim, "hiçbir ülkenin göçmen kotalarını değiştirmemesi ve bunun yerine gönüllü değişiklikler yapması koşuluyla" toplanan, Amerika Birleşik Devletleri Başkanı Franklin D. Roosevelt başkanlığındaki konferans, hiç şaşırtmayarak,

81

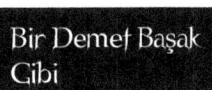

Bir Demet Başak Gibi

Michael Laitman

çaresiz Alman ve Avusturya Yahudileri için bir umut olmadı.

Dünya Soykırım Araştırma, Eğitim, Dokümantasyon ve İsrail Soykırım Kurbanlarını Anma Merkezi'nden, Yad Veshem'e göre, "Konferans sırasında delegeler birbiri ardına ülkelerinin göçmen kabul etmeme özrünü bildirdi. Amerika Birleşik Devletleri delegesi Myron C.Taylor, ülkesinin katkısının, bu zamana kadar dolmamış olan Alman ve Avusturya göçmen kotasını kullandırmak olacağını belirtti. İngiliz delegesi, Doğu Afrika'nın sınırlı sayıda göçmen alabilen bazı bölgeleri hariç, denizaşırı topraklarının buna uygun olmadığını ve fazla nüfusla ve işsizlik sorunu ile mücadele eden İngiltere'nin göçmen kabul etmek için uygun olmadığını belirterek, Filistin konusunu konferans kapsamı dışında tuttu. Fransız delege ise, Fransa'nın mültecilerin kabulü açısından doygunluk noktasına ulaştığını belirtti. Diğer Avrupa ülkeleri önemsiz ayrıntılar öne sürerek onları izledi. Avustralya delegesi, mülteci göçünü desteklemediklerini çünkü gerçek bir ırksal sorunları olmadığından, bunu ithal etmeye istekli olmadıklarını belirtti. Kanada, Yeni Zelanda ve Latin Amerika delegeleri Büyük Buhranı, mültecileri kabul etmeme sebebi olarak gösterdi. Sadece küçük Dominik Cumhuriyeti işbirliği yapmaya büyük arazilerin tarımsal düzenlemesi için gönüllü oldu."

Konferanstan birkaç ay sonra kapılar kapandı ve Avrupa Yahudilerinin kaderi mühürlendi.

Michael Laitman

Bir Demet Başak Gibi

GİZLİ YAHUDİ DÜŞMANLIĞI

1948'de soykırım vahşeti nedeniyle Yahudilerin İsrail'e yerleşmesi kabul edilip, İsrail Yahudi Devleti'nin kurulması, anti-semitizmi ortadan kaldırmaya yetmedi. Aksine Yahudi karşıtlığı yeni bir şekil aldı: Anti-Siyonizm.

Anti-Siyonizm'in, anti-semitizm'den farklı olduğuyla ilgili iki tartışma konusu vardır. Baal HaSulam, bunun ne ad alırsa alsın, Yahudi nefreti olduğunu söyler. Kısa ve net olarak şöyle yazar: "Her ne sebeple olursa olsun, ister dinsel, ırksal, ister kapitalist, komünist ya da kozmopolit, tüm ulusların İsrail'den nefret ediyor olması, bir gerçektir. Bu böyledir çünkü bu nefret bütün sebeplerin önündedir ve her insan nefretini kendi psikolojisine göre açığa çıkarır."

Yahudilerle ilgili durum böyleyken yine de en iyi destekleyicilerimiz, bu uluslardan çıkar. 1967'deki Altı Gün Savaşından bir yıl önce Başkanlık Özgürlük Madalyası ile ödüllendirilen Amerikalı yazar Eric Hoffer ve bu ödülü almasında payı olan kişiler, Los Angeles Times gazetesinde bir mektup yayımladılar. Esasında Mr. Hoffer'in Yahudi olmaması, dünyadaki Yahudilerin durumuyla ilgili bu kadar içten yazması için bir sebep olmuştur.

"Yahudiler, kendine özgü insanlardır," diyerek sözlerine başlar, Hoffer. "Başka uluslara izin verilen şeyler, Yahudilere yasaklanmıştır. Birçok ulus binlerce hatta milyonarca insanı ülkesinden kovmuştur ve bu sebeple mülteci sorunu yoktur. Rusya, Polonya ve Çekoslovakya bunu yaptı. Türkiye binlerce Yunan'ı, Cezayir bir milyon Fransız'ı ülkesinden sürdü. Endonezya Allah bilir kaç Çinliyi sürdü ve kimse bununla ilgili tek bir laf etmedi. Fakat İsrail söz konusu olduğunda, Araplar ömür boyu mülteci haline geldi. Herkes İsrail'in her Arap'ı tekrar geri almasında ısrar ediyor.

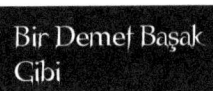

Bir Demet Başak Gibi

Michael Laitman

"İngiliz tarihçi Arnold Toynbee, Arapların bu yaptığını Nazilerin yaptığı vahşetten daha büyük bir vahşet olarak adlandırıyor.

"Geçmişte savaşta zafer kazanmış ülkeler, şimdi barış şartları ileri sürüyor ve İsrail zafer kazandığında barışa uyması için baskı yapıyor. Herkes Yahudilerin dünyadaki tek gerçek Hristiyan olmasını bekliyor.

"Yenilen diğer uluslar toparlanıp ayağa kalkarken, İsrail ezilmeli ve yok edilmelidir. Had Nasser (1967 Altı Gün Savaşı sırasında Mısır Başbakanı) geçtiğimiz Haziran ayında zafer kazanıp İsrail'i haritadan sileceğini söylediğinde, kimse Yahudileri kurtarmak için parmağını bile kıpırdatmadı. Amerika dahil hiçbir hükümet, Yahudilere buraya yazmaya değecek bir taahhütte bulunmadı.

"Vietnam'da insanlar öldüğünde ya da iki zenci Rodezya'da idam edildiğinde, dünyanın her yerinden zulüm nidaları yükseldi. Fakat Hitler Yahudileri katlettiğinde kimse onu uyarmadı. Vietnam'da yaptıkları yüzünden Amerika'yla diplomatik ilişkilerini durdurma kararı alan İsveç, Hitler Yahudileri öldürürken ses bile çıkarmadı. Hitler'e demir cevheri ve top güllesi gönderip, trenlerine Norveç'e kadar eşlik etti.

"Yahudiler dünyada yalnızdır. Eğer İsrail bugün yaşamını sürdürüyorsa, bu yalnızca onların çabası ve kaynakları sebebiyledir. Bu noktada İsrail bizim güvenilir ve koşulsuz tek müttefikimizdir. İsrail'in bize güvendiğinden daha çok biz onlara güvenmeliyiz. Geçen yaz Araplar ve onların arkasındaki Ruslar savaşı kazanıp, Amerika ve diğer uluslar için İsrail'in yaşamını sürdürmesinin ne kadar önemli olduğunun farkına varsaydı, neler olurdu tahmin bile edemeyiz.

Michael Laitman

Bir Demet Başak Gibi

"Beni hiç bırakmayan bir hissim var: İsrail devam ettikçe, biz de devam edeceğiz. İsrail'in Soykırımı unutması bize bağlıdır."

Başka bir dikkat çekici örnek, kim Siyonizm'e engel olursa aynı zamanda Yahudilere de engel olur tartışmasıyla başlamıştır. Aşağıda bir arkadaşına yazdığı mektupta, İsrail Dışişleri Bakanını bile kıskandıracak bir üslupta Yahudi hükümetinden ve Yahudilerden bahseden Martin Luther King Jr.'ın olağanüstü sözlerini okuyacaksınız.

Martin Luther King'in anti-Siyonist arkadaşına yazdığı mektup: " ...Dostum, Yahudilerden nefret etmediğini sadece 'anti-Siyonist' olduğunu söylüyorsun. Ben de diyorum ki, bırakalım yüksek dağların tepesinde gerçeğin çanı çalsın ve sesi Tanrı'nın yeşil vadilerinde yankılansın. İnsanlar Siyonizm'i eleştirdiğinde, gerçekte Yahudilerden bahseder - bu Tanrı'nın gerçeğidir.

"Anti-Semitizm, Yahudilerden nefret eden insanoğlunun ruhunda bir lekedir. Bu konuda tamamen hemfikiriz. Şunu da bil ki, anti-Siyonizm, Yahudi düşmanlığıdır ve daima öyle olacaktır.

"Neden böyle oluyor? Biliyorsun ki, Siyonizm Yahudi halkının kendi topraklarına dönüp yaşaması idealinden ve rüyasından başka bir şey değildir. Kutsal metinlerin yazdığına göre, bir zamanlar Yahudi halkı Kutsal Topraklarda yaşayan bir ulus olmaktan hoşnuttu. İsa'yı acımasızca öldüren aynı Romalı zorbalar tarafından, buradan sürüldüler. Tüm ulus yeryüzüne dağılmaya zorlandı ve Yahudi halkı bir kez daha onlara hükmeden tiranın şiddetiyle acı çekti.

"...İnsanoğlunun vazgeçilmez haklarını elinde tutan birisi için, Yahudi halkının kadim İsrail topraklarında yaşam hakkını desteklemek ve anlamak ne kadar kolay olmalı. Tüm iyi adamlar, Tanrı'nın, 'O'nun halkı büyük bir coşkuyla

85

Bir Demet Başak Gibi

Michael Laitman

yağmalanmış topraklara geri dönüp, orayı yeniden inşa edecek' sözünü yerine getirdikleri için övünecekler. Ne eksik ne fazla bu Siyonizm'dir.

"Anti-Siyonizm nedir? Afrika halkının ve diğer ulusların özgürlüğünü savunurken, Yahudi halkının temel haklarını inkâr etmektir. Dostum, bu Yahudi oldukları için onlara yapılan bir ayrımcılıktır. Kısacası bu Yahudi düşmanlığıdır.

"Yahudi düşmanı kendi kötü niyetini açığa çıkaran her fırsata keyiflenir. Açıkça Yahudi nefretini açığa çıkarmak Batı'da popülerliğini bu zamanlarda kaybetti. Durum bu olduğundan, anti-semitizm sürekli olarak zehrini akıtacak yeni platformlar arıyor. Bu maskeli balodan başka nasıl zevk alacak? Yahudilerden nefret etmiyor, o sadece 'anti-Siyonist!'

"Dostum, anti-Semitizmi savunduğun için seni suçlamıyorum. Biliyorum ki sen de benim gibi, gerçeğe ve adalete derin bir sevgi besliyor ve ırkçılıktan, önyargıdan ve zulümden nefret ediyorsun. Biliyorum ki, başkaları gibi sen de yanlış yönlendiriliyorsun ve inanıyorum ki paylaştığımız bu prensiplere içtenlikle bağlısın. Bırak sözlerim ruhunun derinliklerinde yankılansın: İnsanlar Siyonizm'i eleştirdiklerinde, Yahudileri kastederler, bundan şüphen olmasın."

Yüzyılın bitiminde dünya genelinde Yahudi karşıtlığının artışını gözlemliyoruz. Amerika Birleşik Devletleri tarafından yayınlanan bir rapora göre, "Anti-semitizmin hızının ve şiddetin 21.Yüzyıl başından beri artış göstermesi... Uluslararası komitelerin anti-semitizme yeni bir heyecanla odaklanmasını mecbur kılmıştır. ...Son yıllarda özel niyetli saldırıların Yahudileri ve Museviliği hedef aldığını görüyoruz."

Bazı durumlarda ortada hiç Yahudi yokken bile, anti-Semitizm söz konusu oluyor! Yazar, editör ve fotoğrafçı,

Michael Laitman

Bir Demet Başak Gibi

Ruth Ellen Gruber, "Yahudiler olmadan Anti-Semitizim" başlıklı raporunda, çok az Yahudi'nin yaşadığı Avrupa'daki Yahudi karşıtlığının yaygınlığını ele alır. Gruber şöyle diyor: "'Yahudiler olmadan Anti-Semitizim' fenomenini, hem tarihi anlamda hem de Avrupa'da 'yeni anti-semitizim' olarak adlandırılan kavram içerisinde araştırmam istendi.... Şunu söylemeliyim ki, bu 'yeni anti-semitizim' teriminden gerçekten hoşnut değilim. London Jewish Chronicle gazetesi geçen yıl bunu kullandığında, anti-semitizim 'hafif uykuda' idi ve uyanması çok kolaydı. Bu durum insan bedeninde hastalığa sebep olan ve sonra mutasyona uğrayarak, onu yok etmek için kullanılan herhangi bir savunmayı ya da antikoru bozguna uğratan değişken bir virüse benzer. Bu pek çok kez gerçekleşti, hatta Yahudi nüfusunun çok az olduğu soykırıma ev sahipliği yapan ülkelerde bile. Ve şimdi yine devam ediyor."

Belki de daha az şaşırtıcı fakat acı olanı, Malezya'nın resmi anti- semitizim fenomenidir. 6 Ekim 2012'de Canadian National Post'tan Robert Fulford, Malezya'nın anti-semitizm olgusuyla ilgili olarak bir yazı kaleme aldı. "Politikacılar ve sivil halk şaşırtıcı bir şekilde zamanlarının büyük bir çoğunluğunu kendilerinden 7,612 km uzaklıktaki İsrail'i düşünerek geçiriyor. Bazen bunu akıllarına fazla takmış gibi görünüyorlar. Malezya hiçbir zaman İsrail'le sürtüşmedi, fakat hükümet vatandaşlarını İsrail'den ve İsrailli olsun ya da olmasın Yahudilerden nefret etmesi için cesaretlendiriyor."

"Birkaç Malezyalının gözünü onların üzerine dikmesi sebebiyle, küçük Yahudi topluluğu yüzyıl önce oradan göç etti" diye yazar Fulford. "Yine de Malezya 'Yahudiler olmadan anti-semitizim' fenomeninin, tipik bir örneği olmuştur. Örneğin geçen Mart ayında Ulusal İslam Dairesi tüm camilerde okunması için resmi bir hutbe yayınladı. Hutbe şöyle diyor: 'Müslümanlar anlamak zorundadır

Michael Laitman

ki, Yahudiler egoist davranışlar ve yaptıkları katliamlar nedeniyle Müslümanların baş düşmanıdır.

"Kuala Lumpur'da ekonomik başarısızlıktan, yabancı gazetelerin (Yahudilere ait) kötü içeriğine kadar her konuda Yahudileri suçlamak bir rutin haline geldi."

Açıkça görülüyor ki, Soykırım bile insanların Yahudilere karşı düşüncesi değiştirmemiş. Bu kitabın önsözünde yazdığım gibi, "yüzyılın başında anti-semitim bir kez daha dünya genelinde artmaya başladı. Yahudilere nefretin hayaleti yeniden dünyaya kök salmaya başladı. 2.Dünya Savaşı'ndan sonra bize duyulan sempati kısa sürdü ve şimdi yeni, geniş çaplı bir Yahudi karşıtlığı dalgası her zamankinden daha fazla yükseliş gösteriyor.

2. Bölümde Rav Nathan Shapiro'nun sözlerinden alıntı yapmıştık: "İnsanda dört güç vardır, cansız, bitkisel, hayvansal ve konuşan, İsrail'in beşinci bir gücü daha var, onlar Maneviyatın içindedir." Yaratılış amacının herkesin İsrail'in sahip olduğu son dereceye ulaşması ve İbrahim'in bunu tüm Babil halkına vermek niyetinde olduğunu aklımızda tutarsak, görürüz ki, dünyaya vermek zorunda olduğumuz şey çok basittir -"Dostunu kendin gibi sev" özdeyişinde vücut bulmuş ihsan etme niteliği. Egoizm dünya genelinde büyüdükçe, bu nitelik küresel çatışmayı benzersiz bir şekilde dengelemek için tek çaredir.

Dolayısıyla Yahudiler, hem birey hem de ulus olarak bu özelliği içlerinde alevlendirmek zorundadır. Aslında ihsan etme niteliğini edinmek, form eşitliği vasıtasıyla Yaradan'ı ifşa etmektir. Ne yazık ki, gelecek bölümde okuyacağınız gibi, farkında olmadığımız ya da bununla ilgili bir arzumuz olmadığı için sıklıkla bu görevden kaçıyor ve bu ilahi görevi kucaklamak ve tüm insanlık için bütün yolu ışıkla kaplamak yerine, kendimizi asimile etmeye ve diğer uluslar gibi olmaya çalışıyoruz.

BÖLÜM 7

ÇANLAR ÇALIYOR

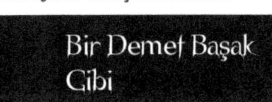

Bir Demet Başak Gibi

Michael Laitman

Yahudi Olmak Ya da Olmamak İşte Bütün Mesele Bu!

Yom Kippur'un (Kefaret Günü) en önemli dualardan biri, Yunus (Jonah) kitabındaki Maftir duasıdır. Aslında Yunus Peygamberin hikâyesi, halkımızın üstlendiği görevle ilgili yaşadığı duygu karmaşasını anlatır.

Kuşkusuz, oyunbozan olmak hoş bir görev değildir. Kendi ulusumuzun içinde bile, peygamberler bunu nadiren kolaylaştırmış ve bizi acı ve felaketlerden kurtararak, büyük minnettarlık kazanmışlardır. Yine de onlar daima görevlerini yerine getirdi. İşkencenin dehşeti nedeniyle böyle yapmak zorunda kaldılar aksi halde masum kardeşleri acı çekecekti.

Yunus bu görevden kaçmak için elinden geleni yaptı. Yahudi olan kimliğini sakladı ve Yaradan'ın peygamberlik yapmasını söylediği Nineveh'ten çok uzak olan Tarshish'e (İsrail topraklarından uzak bir şehir) gitmek için bir gemiye bindi. Fakat Yaradan onu gemide buldu, denizciler onun kimliği açığa çıkarınca onu gemiden attılar, Yunus bir balığın içinde acı çekti. Tövbe ettikten sonra (Balığın içinde dua ettikten sonra) Nineveh'e gitti ve orada görevini gerçekleştirdi. Şükürler olsun Yunus'un tövbesine, Nineveh halkı ıslahı öğrendi, uyguladı, şehir kurtuldu ve insanlar affedildi.

İlginç olan, Nineveh bir Musevi şehri değildi. Asur İmparatorluğunun en popüler şehri ve zengin bir ticaret merkeziydi. Yine de Yaradan daha iyi yaşayıp, ıstıraptan kurtulmaları için, Yunus'u onlar için görevlendirdi. Bu, ıslahın yolunun ve Yaradan'ı ediniminin sadece Yahudiler için değil, tüm insanlık için olduğunun bir göstergesidir. Bu hikâyeyi Yom Kippur'da (Kefaret Günü) okumamız ne kadar semboliktir.

Yine de, Yunus'un hikâyesi nesiller boyu Yahudilerin ikileminin somut bir örneği olmuştur. Bir yandan, biz

Michael Laitman

Bir Demet Başak Gibi

seçilmiş insanlar, tüm uluslara ışığın yolunu göstermek zorundayken, diğer yandan, ısrarla ve boş bir çabayla kaderimizden kaçmaya çalışıyoruz çünkü verdiğimiz karşılıklı sorumluluk ve birlik olma mesajı, hepimiz ben-merkezci olarak doğduğumuzdan ve bu şekilde kalmak istediğimizden, dinleyenin egosuna hoş gelmemekte.

Yahudiler sürgünden sonra Babil'e İkinci Tapınağı kurmak için döndüğünde, geride kalanlar ev sahibi ulusa o kadar asimile oldu ki, tamamen yok oldular. Yahudi Ansiklopedisinin yazdığına göre, Yahudiler Babil'de tutsaklıktan kurtulduklarında, aralıklarla Suriye, Mısır ve Yunanistan'a göç etti, böylece fidye konusunda ve serbest olmakla ilgili bir zorluk yaşamadılar.

Ayrıca Ansiklopedi şunu da ilave eder: "Bunun yanında, Yahudi ırkının özelliği olan dayanışma sayesinde gönüllü olarak fidyelerini ödeyecek din kardeşleri bulmakta hiç zorluk çekmediler. Ancak, özgür kalan Yahudiler Filistin'e dönmek yerine, daha önce köle oldukları topraklarda kaldılar ve orada din kardeşleriyle birleşerek, küçük topluluklar oluşturdular. Roma'daki Yahudi cemaatinin özünü serbest kalan esirler oluşturur." Daha sonra Yahudiler Roma'dan tüm Avrupa'ya yayıldı.

Babil'de özgür kaldıktan sonra, İsrail Topraklarına dönen az sayıda Musevi, şimdiki Yahudi halkını meydana getirdi. İkinci Tapınağın yıkımından sonra onlar da asimile olmak istedi. Yine de önceki kardeşlerinin aksine, Kudüs ve Yuda'dan (Judea) sürgün edilenlerin ulusla yok olma noktasında kaynaşmasına asla izin verilmedi. Böyle olduğu için, Yahudilerin var olma sebebi, yani diğer uluslara Yaradan'ın ifşası gerçekleşmemiş oldu.

Belki de tarihçiler ve ilahiyatçılar bu sebeple Wales Üniversitesi Profesörü Dan Cohn Sherbok'un söylediklerine benzer sözler söylemiştir: "Yahudi yaşamının paradoksu

Bir Demet Başak Gibi

Michael Laitman

şudur ki, nefret ve kurtuluş binlerce yıldır birbiriyle ilişkilidir ve anti-semitizm olmasaydı, soyumuzun tükenmesiyle karşı karşıya kalırdık."

Umutsuzca asimile ve kaynaşma çabalarına rağmen, her zaman mirasımızı hatırladık, ya zorla Museviliğe geri döndürüldük ya da yeni dinimizle toplum dışında kaldık. Bugün birçok Yahudi ev sahibi kültürlere asimile olmaya çalışıyor, fakat bazı ülkelerdeki başarılı örneklere rağmen tarih gösteriyor ki, bunda hiçbir zaman başarılı olunmamıştır ve görevimiz bunun olmamasını şart koşar.

Kısmen dikkat çekici asimile örnekleri 14. ve 15. Yüzyılda, 2. Dünya Savaşı Soykırım öncesi ve sonrasında İspanya ve Almanya'da gerçekleşmiştir ve tüm Avrupa Yahudilerinin neredeyse yok edilmesiyle sonuçlanmıştır. Yahudi tarihinde bu dönemle ilgili çok şey söylenip yazılsa da, tekrarlanan bu eğilimi hatırlatacak bazı dönemlere dikkat çekmek önemlidir. Bunlara birer birer değineceğiz ve bugün İsrail dışında Yahudilik açısından öne çıkan Amerika Birleşik Devletleri'ndeki yansımaları da değerlendireceğiz.

Michael Laitman

> Bir Demet Başak Gibi

İSPANYA, TRAJİK BİR AŞK HİKÂYESİ

Josephius Flavius, Romalılar tarafından Suriye ve Antakya'dan çıkarılan Yahudileri, Yuda'lı (Judea-Filistin'in Güney bölgesi) yöneticilerin sıcak karşılanmasıyla ilgili olarak şöyle yazar: "Yahudiler oldukça kaynaşmış ve çok sakin bir şekilde yaşıyor." Roma İmparatoru Titus Flavius'un onları "tüm Suriye'den nasıl çıkardığıyla" ilgili olarak da yazmış ve Yahudi Eserleri kitabında Yunan yerbilimci Stabo'nun şu sözlerini alıntı yapmıştır: "Bu insanlar her şehirde kendi yollarını buldu, dünyada bu ulusa gücünü hissettirmemiş ve onu kabul etmemiş bir yer bulmak kolay değil."

Birinci Tapınağın Yıkılmasından sonra, önce hoş karşılanıp sonra reddedilen, sonra tekrar hoş karşılanan Yahudilere karşı bu kararsız tavır, eğer tamamen yok edilmedilerse sayısız defa kendini tekrar etti. Daha önce söylediğimiz gibi, Babil'den sürgün edilen İlk Tapınak Yahudilerine özgürlük verildiğinde, onlar kaybolma noktasında asimile oldu. Ancak, İkinci Tapınağın yıkılmasından sonra sürgün edilen Yahudilerin çoğu kabul etmeye zorlandıkları dini uygulamalarla olmasa bile, en azından kalıtımsal nitelikler vasıtasıyla tanındılar.

Yahudileri İslam ve Hristiyanlığa döndürmeye çalışan birçok girişim olmuştur, onlar da bunu arzulamış ve aktif olarak değişimde yer almıştır. Ama yine de çoğunlukla bu girişimler ya başarısız ya da çok az başarılı olmuştur.

Wiscosin Üniversitesi Yahudi Tarihi profesörü ve araştırmacısı Norman Roth, hem Yahudileri değiştirme girişimlerini hem de bu girişimlerin trajik sonuçlarını detaylı olarak anlatmıştır. Orta Çağ İspanya'sında Yahudiler, Vizigotlar ve Müslümanlar adlı kitabında şöyle yazar: "14. ve 15. yüzyılda binlerce Yahudi baskıyla değil, kendi özgür iradeleriyle Hristiyanlığı seçti. Bu dönmelerin (conversos-

93

Bir Demet Başak Gibi

Michael Laitman

Hristiyanlığa geçen Yahudilere verilen ad) toplumdaki konumu, 15. yüzyılda gerçek bir savaşla sonuçlanan acımasız bir husumete sebep oldu. Tarihte ilk kez geniş çaplı bir ırkçı anti-semitizm su yüzüne çıktı ve soyun saflığı kanunları ('saf kan' Hristiyanların Müslüman ve Yahudi atalarından ayırt edilmesi) harekete geçirildi. Sonunda, dönmeler 'samimiyetsizlikleri' için suçlanmaya başlayınca, Engizisyon ortaya çıktı ve çoğu yakıldı. Ancak, bunların hiç birinin eskiden olduğu gibi Hristiyanlarla normal ilişkilerini sürdüren Yahudilerle ilgisi yoktu."

Aslında, sadece inançlarını koruyan Yahudiler değil, aynı zamanda İspanyollarla bağ kurmuş olanlar da zarar gördü. Norman Roth'a göre, "Yahudiler ve Hristiyanlar arasındaki ilişkinin doğası öyle alışılmadık, öyle eşsizdi ki, İspanyolcada bunun için, diğer dillere kusursuz bir çevirmenin mümkün olmadığı özel bir terim kullanılırdı: convivencia (kabaca anlamı, birlik içinde beraber yaşamak demektir). Doğrusu convivencia kelimesinin Orta Çağ İspanyasındaki gerçek anlamı henüz daha tam anlamıyla idrak edilmemiştir."

Roth'un çalışması şunu ortaya çıkarmıştır ki, Yahudiler, kendilerine bırakılan mirasa sadık kaldıkları ve yabancı kültürlere asimile olmaya çalışmadıkları sürece, o ülkede kalmaları hoş karşılandı ya da en azından barış içinde yaşadılar. Özellikle İspanya'da bir aşk hikâyesi gibi ortaya çıkan aralarındaki bu sıcak ve yakın ilişki sayesinde, sıkıntı ve güçlükler aşıldı. Oysa Yahudiler diğer uluslarla kaynaşıp onlar gibi olmak için çabaladığında, bu uluslar onları reddedip, aşağılayıcı ve zorlayıcı bir şekilde Museviliğe geri dönmeleri ya da kendi dinlerini kabul etmeleri için zorlamıştır.

New York Şehir Üniversitesi Sefarad Tarihi uzmanı Jane S.Gerber, İspanyol Yahudilerinin ve dönmelerin kendilerini İspanya'nın sivil ve kültürel yaşamına dahil etmelerini,

Michael Laitman

Bir Demet Başak Gibi

etkili bir şekilde anlatır: "Dağılmalarının ardından, İber Yarımadası'nda kök salan Yahudiler, İspanya için tutkulu bir sevgi besledi ve onların diline, dinine ve geleneklerine (...) derin bir saygı duydu. Aslında İspanya ikinci Kudüs olarak kabul edilir.

"31 Mayıs 1492'de Kral Ferninand ve Kraliçe İsabella'nın dört ay içinde 300.000 Yahudi'yi ülkeden çıkarma emri yayımlandığında, Sefarad'lar büyük şok ve şaşkınlık yaşadı. Kuşkusuz, mahkemenin, belediyenin ve hatta Katolik kilisesinin, uzun soluklu cemaatlerini (...) ve çok sayıda Yahudi, Hristiyan Yahudi atalarının (dönmeler) yaşadığı bu topraklardaki yaşam haklarını, gözeteceğini, koruma sağlayacağını ve bu emri engelleyeceğini umut ettiler.

"İspanyol Yahudileri özellikle uzun mısralı şiirleriyle gurur duyar. Filozofları Batı'nın düşünürleri arasında etkili olmuş, yenilikçi dilbilimciler Yahudi dilinin öncüsü olarak haklı bir yer edinmiştir. Matematikçiler, Bilim insanları ve sayısız fizikçi haklı bir ün kazanmıştır. Sefarad diplomatlarının becerikliliği ve hizmetleri sayesinde, birçok Müslüman krallığıyla ilişki kurulmuştur. Aslında, onlar sadece İspanya'da ikamet etmemişler, beraber yaşadıkları ülkeyi büyük bir ciddiyetle ele alarak, Müslüman ve Hristiyanlarla yan yana var olmuşlardır.

"Sefaradların kültürel uyum ve asimile olmada başka hiçbir Yahudi cemaatinin olmadığı kadar tecrübesi vardır. Yüzyıllar boyunca, Yahudi medeniyeti, etrafındaki Müslüman kültürden serbestçe yararlanmıştır. ... 1391'de zulümden dolayı şaşkına dönen Sefaradlara, ölüm ya da dönme seçeneği sunulduğunda, dönmelerin sayısı şehitlerin sayısının yanında az kalmıştır. Yahudilere özgü bu kitlesel dönüşümün başarısı, düşünürleri Sefaradların gösterdiği bu yüksek kültürel uyuma bir neden aramaya itmiştir."

Bir Demet Başak Gibi

Michael Laitman

Ama yine de İspanyolların, Yahudilere karşı olmalarına sebep olan şey kültürel uyum değildir. Bu daha ziyade Yahudilerin aralarındaki sosyal bağ ve karşılıklı sorumluluk ilkesini terk etmesinden ve ev sahibi ulusun bilinçaltında saygı uyandırmamasından kaynaklanır. Geber şöyle devam eder: "Özellikle Orta Çağ yorumcuları, Yahudilerin kültürel uyumuyla ilgili olarak, toplumsal düzenin bozulması suçlamasını yapar ve Itzhak Baer gibi bazı modern Yahudi tarihçisi buna ilave olarak Averroism (radikal Aristocu) felsefesinin yıkıcı etkisini ekler. Kitlesel dönüşüm dalgası ve keskin çekişmede, zulme boyun eğenler sadece filozoflar değildi." Daha ziyade tüm topluluk acı çekiyordu.

Dolayısıyla, bilinçli veya değil, bundan etkilenen Yahudiler, İspanya'dan sürüldü çünkü atalarımızın nesillerdir öğrettiği birliğin onlara getireceği faydayı ve gücü unutarak aralarındaki birliği bozmuşlardı. Zohar Kitabı birlik olmakla ilgili şöyle yazar: "Tek kalp, tek akıl olduklarından... Yapmak zorunda oldukları şeyde başarısızlığa uğramazlar ve onları durduracak kimse olmaz."

Fakat sürgünden sadece birkaç yüzyıl önce İspanya'da ortaya çıkmış Zohar Kitabı bile, Yahudileri kurtarmaya yetmedi. Onlar manevi ve kültürel olarak asimile olmuş ve uluslara ışık olma amacını yerine getirememişlerdi. Kendi uyum yollarını belirlemediklerinden, Doğa'nın İhsan Etme Yasası, Yaradan, bunu Hristiyan İspanyolları vasıtasıyla yerine getirmiştir.

Cambridge Üniversitesi profesörü ve yazar Micheal Grant, Yahudilerin kaynaşamamasının nedenlerini inceler: "Yahudiler sadece asimile olmamayı değil, aynı zamanda asimile olabileceklerini de ispatlamıştır. Yunan tarihinin en belirgin dönüm noktasında, sadece onları kurtaran değil aynı zamanda Hristiyanlığın da doğmasına sebep olan dinlerinin, vasıtasıyla sahip oldukları gücü, sonraki yüzyıllar boyunca ortaya koydukları büyük çabaya borçludurlar."

Michael Laitman

Bir Demet Başak Gibi

Benzer şekilde 18.yüzyıl piskoposlarından Thomas Newton Yahudilerle ilgili şöyle yazmıştır: "Yahudilerin korunması Tanrı'nın inayetinin en belirgin işaretidir... ve bu olağanüstü güç onları yeryüzündeki hiçbir ulusu korumadığı şekilde korumuştur. Tanrı'nın inayeti onların korunmasından daha fazla düşmanlarının yıkımında göze çarpar. Görüyoruz ki büyük imparatorluklar sırası geldiğinde mazlum ve yumuşak bu halka zarar vermeye hevesli olmuştur. Ve eğer bu korunma, Yahudilerin düşmanlarının ölümcül sonu olacaksa, bırakın bu her an ve her fırsatta onlara feryat eden ve zulüm edenlere bir uyarı olarak hizmet etsin."

4.bölümde bahsettiğimiz gibi Yahudiler, kalplerin birliğini başarmış ve dolayısıyla Yaradan'la bağ kurmuş Âdem'in ruhunun parçasını temsil eder ve onların manevi rolü bu birliği yaymak ve diğer uluslarla bağlanmak olduğundan, diğer uluslar Yahudilerin bu girişimini reddeder. Bu bilinçli bir eylem değildir fakat Yaratılış düşüncesinin en başından gelen itici bir güçtür. Bu, nadiren suçluların bilincinin yüzeyine çıkar ama Yahudiler görevlerini eksiksiz bir şekilde yerine getirir.

Yaratılış düşüncesinin suçluların bilincinde ortaya çıkmasının en dikkat çekici örneği, 1492 yılında trajik bir gecede gerçekleşmiştir. Yahudi tarihi uzmanı Rav Rader Marcus, Orta Çağda Yahudiler: Bir Kaynak Kitap: 315-179 adlı kitabında olayları şöyle anlatmıştır: "Büyük miktarda para ödemesi karşılığında Yahudilerin ülkede (İspanya) kalmasına izin veren anlaşma tamamlanmak üzereydi ki, Santa Cruz Dini Yetkilisi olarak bilinen kişinin müdahalesiyle bu amacına ulaşmadı." Daha sonra olanlar gösterir ki, ne olursa olsun, Yahudiler yapmak zorunda oldukları şeye mecbur bırakılmıştır. Marcus şöyle devam eder: "Kraliçe Yahudi temsilcilerine, Kral Solomon'un sözlerine benzer bir cevap verdi: 'Kral'ın kalbi Yaradan'ın elinde, bir nehir gibi akıyor: O, onu istediği yere götürür.'

Bir Demet Başak Gibi

Michael Laitman

Kraliçe devam etti: 'Bunun bizden size geldiğine mi inanıyorsunuz? Yaradan bunu Kral'ın kalbine koydu.'''

Aslında Yahudiler, İspanyollar için ekonomik bir değer olmayı durdurdukları için sürülmediler. Onlar yüzyıllardır ekonomik bir değer olmalarıyla tanınır. İspanya'dan çıkmaya zorlandıktan sonra birçoğu, ev sahibi ülkeye ekonomik katkı sağladıkları için hoş karşılandıkları Türkiye'ye geldi. Osmanlı Sultanı 2.Bayezıt Yahudilerin İspanya'dan ayrılmasına ve Türkiye'ye gelmesine o kadar memnun olmuştur ki, onun (Ferdinand) toprakları yoksullaşırken kendi (Osmanlı) topraklarının zenginleşmesini kastederek, onları gönderdiği için alaycı bir şekilde Ferdinand'a teşekkür etmiştir. Başka bir kaynağın yazdığına göre, "Huzurunda Yahudileri İspanya'dan kovan Kral Ferdinand'dan bahsedildiğinde, Beyazıt şöyle demiştir: 'Kendi topraklarını fakirleştirip, bizimkini zenginleştiren Kral Ferdinand'ın, akıllı bir yönetici olduğunu nasıl düşünürsünüz?'"

Birçok kez gördük ki, bizi ulusların lütfuna getiren şey zeki olmamız değildir. Daha ziyade bunun sebebi ya bizim birliğimizin onlara ışık olarak yansıdığından ya da Yaratılış düşüncesindeki hazları bizim aracılığımız ile almalarındandır. Düşünür ve yazar Rav Hillel Tzaitlin şöyle der: "Eğer İsrail tüm dünya için tek gerçek kurtarıcı ise, bu kurtuluş için uygun olmak zorundadır. İsrail önce kendi ruhunu kurtarmalıdır... Fakat ruhunu nasıl kurtaracak?... Hem maddi ve hem de manevi olarak zarar görmüş bu ulus, tamamen kurtulanlardan oluşmuş bir ulus haline gelecek mi? ... Bu kitapla 'İsrail'in Birliğini' kurmayı diliyorum. ... Eğer bu birlik kurulursa, manevi yükseliş ve tüm dünyanın ve ulusların acılarının ıslahı için bir yakarış olur."

Aslında bilimsel başarıların insanlığa getirdiği fayda nedeniyle, bugünden kıyamet gününe kadar verilecek olan her bir Nobel Ödülü için hak iddia etsek bile, hoşnutsuzluktan başka bir şey kazanmayız. En iyi fizikçileri, en tanınmış

Michael Laitman

Bir Demet Başak Gibi

ekonomistleri, en parlak Bilim insanlarını ve yenilikçi girişimcileri üretiyor olabiliriz ama ışığı, birlikten gelen gücü üretene kadar diğer uluslar bizi asla kabul etmeyecek ve bu gezegendeki varlığımızı asla haklı gösteremeyeceğiz.

Bir Demet Başak Gibi
Michael Laitman

NAZİ ALMANYA'SI: KELİMELERİN ÖTESİNDEKİ DEHŞET

Bölümün başında işaret ettiğimiz gibi, Yahudi asimilesinin ve reddinin diğer dikkat çekici örneği Almanya'da 2. Dünya Savaşı öncesinde ve sırasında yaşanmıştır. Almanya'dan yayılan terörün sonuçları, tartışılmış ve analiz edilmiştir, bundan dolayı bunlara ilave edecek fazla bir şey yok. Bizim işaret etmemiz gereken şey, İspanyol Engizisyonunu ve kovulmamızı etkileyen nedenin tekrarlanmasıdır.

Tarihsel olarak, Alman Yahudileri, İspanya'daki Yahudilerin tersine, bulundukları şehrin ya da dukalığın içine karışmaktan hoşlanmıyordu. Bu sebeple yüzyıllar boyunca şehirden şehre dolaştılar, zorlu kısıtlamalar altında sadece izin verilen bölgelere yerleştiler ve zaman zaman örneğin Haçlı Savaşları sırasında, zulüm, kovulma, hatta toplu katliam sebebiyle acı çektiler.

Ama yine de, Rönesans'la birlikte 16. yüzyıldan başlayarak sonraki yüzyıllarda, Almanya'daki Yahudiler barış içinde yaşadı. Ev sahibi şehirler ve dukalıklardan eşit statü ya da vatandaşlık almasalar da, kendi yaşamlarını rahatsız edilmeden ve geri kalan Alman toplumundan ayrı olarak sürdürdüler.

Yahudi Tarihini Anlamak: Rönesans'tan, 21. yüzyıla adlı kitabında Sol Scharfstein şöyle yazar: "Getto duvarlarının ardında kendi geleneklerini ve yaşam şekillerini sürdüren Yahudiler, Hristiyanlar, kilise ve prensler, savaşlar ve devrimler arasında yüzyıllarca mücadele etti.

"...Papa 4. Paul, Hristiyanların İsa'yı kurtarıcıları olarak kabul etmeyen insanlarla dost olmasının aptalca olduğunu belirtti. Papalık yetkisiyle kilise tarafından kontrol edilen bölgelerde yaşayan Yahudilerin gettolara hapsedilmesi emrini verdi. İşe gitmek için gündüz vakitlerinde gettodan

Michael Laitman

Bir Demet Başak Gibi

çıkmalarına izin verildi, fakat diğer zamanlarda çıkmaları yasaktı. Getto kapıları geceleri ve Hristiyan tatillerinde kapatılır ve kapılar giriş çıkışı kontrol eden Yahudi olmayan bekçiler tarafından tutulurdu."

Popüler inancın tersine, başlarda Yahudi gettoları zorunlu değildi. Yahudiler yaşadıkları yere uyum sağladıkça bu daha sonra oldu. Tanınmış tarihçi Prof. Wittmayer Baron şöyle yazar: "Yahudiler nüfusun büyük çoğunluğundan daha az göreve ve daha çok hakka sahipti. ...Birkaç istisna dışında serbestçe bir yerden bir yere dolaşabiliyor, istedikleri kişiyle evlenebiliyorlardı, kendi mahkemeleri vardı ve kendi yasalarına göre yargılanırlardı. Yahudi olmayanlarla ilgili davalarına, yerel mahkeme değil, genellikle kral ya da yetkili bir devlet görevlisinin atadığı özel hâkimler bakardı."

Birkaç sayfa sonrasında Prof. Baron şöyle devam eder, "... Yahudi cemaati tam özerkliği tercih ederdi. Hükümet tarafından yalnız bırakılarak, izole yani bir anlamda yabancı olmuşlardı. Ancak, devrim öncesi günlerdeki Yahudi cemaatinin üyelerinin, Federal Hükümetten ve Belediye İdari Teşkilatından daha fazla yetkisi vardı. Eğitim, Yahudiler arasındaki davalar, toplumsal amaçlar için toplanan vergi, sağlık, borsa ve kamu düzeni gibi sosyal düzenlemelerin hepsi cemaatin yetki alanı içindeydi.

"...Bu kurumsal varlığın bir başka evresi de özgür Yahudilerin bitmeyen uğursuzluğu olarak kabul edilen gettolardır. Unutulmamalıdır ki, gettolar Yahudi özerkliğinin bir sonucu olarak gönüllülükle kurulmuştur ve daha sonraki gelişmeler sonucunda yasalar devreye girmiş ve tüm Yahudilerin kapalı bir bölgede yaşaması yasal bir mecburiyet olmuştur."

Dolayısıyla varlıklarını sürdürmek için birbirlerine destek olan Yahudiler yakınlaşmış, kendi değerlerini korumuş ve alçak gönüllülük ve maneviyat içinde yaşamışlardır. Bir kez

Bir Demet Başak Gibi

Michael Laitman

daha görüyoruz ki, Yahudiler birbirine yakınlaştıkça, zarar görmez, birlik ve bağlılık için arzuları olmazsa, koşullar onlara dışarıdan baskı yapar. Her ne kadar mecburi de olsa onları güvende tutan şey birlik olmalarıdır.

Yine de birliğin sağladığı güvene rağmen, Prof. Grant'in işaret ettiği gibi Yahudiler kapılar açılır açılmaz, dışarı çıkmalarına izin verilir verilmez, İspanya'daki kültürel ve dinsel asimilasyon felaketini üzerlerine getiren aynı tutuma devam ederek, kaynaşmaya ve asimile olmaya başlarlar. Böyle olduğunda atalarımızın şu sözlerini unutuyor gibiyiz: "İsrail tek kalp, tek adam olduğunda, onlar kötülüğün gücü karşısında yıkılmayan bir duvar gibi olacaklar." Aslında, bu kitap boyunca söylediğimiz gibi, Tapınağın yıkımına, insanların topraklarından uzaklaştırılmasına ve o günden beri Yahudileri vuran her felakete sebep olan şey birliğin ihmalidir.

Özgürleşme süreci sırasında, Alman Hristiyan toplumuna karışmalarına izin verildiğinde, Yahudiler kademeli olarak manevi köklerinden uzaklaşmışlardır. 18. yüzyılın sonuna doğru, Hristiyan toplumuna kabul edilmeye o kadar istekliydiler ki, kabul edilmek için herşeyi yapmaya hazırdılar. Stanford Üniversitesi Yahudi kültürü ve tarihi profesörü Steven J. Zipperstein ve Kudüs Üniversitesin'den Jonathan Frankel'e göre, 1799'da Yahudi özgürleşme hareketinin başlamasından sadece birkaç yıl sonra, Yahudi cemaatinin en etkili liderlerinden David Friedlander, Berlin Yahudilerinin, Hristiyanlığa topluca geçeceğini iddia edecek kadar ileri gitmiştir.

Fakat değişim olmadan bile, Alman Yahudileri, atalarının saklı tuttuğu herşeyden vazgeçmeye gönüllüydü. Yahudiler kitabında Zipperstein ve Frankel şöyle yazar: "Yahudiler mutlak sadakatlarını ispatlamak için, Filistin'deki kadim topraklarına dönme umudunu aşılayan tüm dua kitaplarını yok etmeye ve tek tanrıcılık mesajını ve ilahi emri tüm

Michael Laitman

Bir Demet Başak Gibi

insanlığa taşımanın bir yolu olan dünyaya yayılmalarını, sürgün olarak değil, pozitif bir değer olarak görmeye hazırdılar. Dolayısıyla Reform hareketiyle Yahudilerin, tüm ulusal özelliklerden kopmuş bir dini cemaat oldukları iddiasını söylemek mümkündür ki, onlar dini mozaiğin Alman'ıydılar (ya da duruma göre Polonyalı ya da Fransız'dılar). Bu şekliyle Musevilik, eski inançları sosyal kabul ve bireysel eşitlik için takas etmeye hazır olmanın bir sembolü haline geldi."

Yahudilerin İsrail topraklarına olan bağından ve Yaradan arzusundan -İhsan Etme Yasası-vazgeçmesi, her şeyden daha önemlisi Alman Yahudilerinin kendilerini miraslarından uzaklaştırmasına dayanır. Birçok defa gördüğümüz ve atalarımızdan öğrendiğimiz gibi, Yahudiler görevlerini terk ettiklerinde, kaynaşmak istedikleri uluslar tarafından geri dönmeye zorlanmışlardır.

Ne yazık ki Alman Yahudileri bunun farkında değildi. İhsan etme niteliğinden ve amaçlarından uzaklaşmış, sürgündeydiler. Hatalarının o kadar farkında değillerdi ki, genel toplum tarafından kabul gördükleri an, kendilerinin ve çocuklarının geleceğini bir kenara bırakıyorlardı. Başlarına gelecek olan dehşetin büyüklüğünü öngöremediklerinden, gittikleri yol ve davranışları bunu destekler mahiyetteydi.

Yaklaşık olarak 1780'den 1869'a kadar bazı geri çekilmeler olmasına rağmen, Yahudi özgürleşmesi kademeli olarak gelişti. Nihayet eşitlik yasası Kuzey Alman Konfederasyonu Parlamentosundan 3 Temmuz 1869'da geçti. Bu yasanın Alman İmparatorluğunun birleşik eyaletlerine yayılmasıyla, özgürlük için mücadele eden Alman Yahudileri başarı elde etmiş oldu.

Oysa bu başarının bedeli, Yahudileri bir arada tutan niteliklerin tamamen terk edilmesiydi. Doğu Anglia Üniversitesi Avrupa Tarihi profesörü Werner Eugen

Bir Demet Başak Gibi

Michael Laitman

Mosse'ye göre, "1843'de ilk radikal Reform-sünnetin reddi ve Şabat gününü Pazar gününe almak -Frankfurt'ta yürürlüğe girdi. ...Sonraki birkaç on yılda, dini Reform hareketi büyük cemaatlerdeki dini hizmeti yeniden yapılandırdı ve bunu 20. yüzyıl Alman Yahudilerine hâkim olan Liberal din hareketine dönüştürdü.

"...Genel toplum içine uyum sağlamaları için yapılan baskı, Almanlarla sosyal bağ kurmalarına engel olduğunu düşündükleri eylemleri (örneğin perhiz yasaları) terk etmelerine sebep olurken, ekonomik rekabet ihtiyacı da birçoğunu Cumartesi günleri çalışmaya zorladı. Ayrıca birçok Yahudi estetik sebepler nedeniyle geleneksel Yahudi görünüşünü de terk etti."

Prof. Eugen Mosse şöyle devam eder: "Reformun bir başka yönü de eğitimle ilgili olarak yapılan değişimlerdi. Hristiyan modele dayanan kabul töreninin, geleneksel bar mitzvah töreninin yerine geçmesi planlanmıştı. Dini okullardan mezun olurken hem kızlar, hem erkeklere Yahudi dinini temel alan ve sonrasında rav tarafından kutsanan sözlü sınav yapılırdı."

Dört yüzyıl önce İspanya'da olanlara benzer şekilde, Reformist Yahudiler "Eşkenazi dönmeler" olarak adlandırılmıştı. SMU'da Tarih profesörü Donald L. Niewyk'e göre, "Yahudilerin büyük bir çoğunluğu Anayurtları Almanya'nın iyiliğine tutkuyla bağlıydı."

Tıpkı İspanya'da olduğu gibi, toplum düzeni Yahudilere karşı olmaya ve anti-semitizm Almanya'da yükselişe geçmeye başladığında, Yahudiler çalan bu çanlara ilgisizdi. Prof. Niewyk şunu ilave eder, "Birçoğu anti-semitizmi, daha büyük bir toplumla bütünleşme ve radikal dini grupların yok olması açısından, pozitif bir nimet olarak görmüştü." 1929'da Berlin Yahudi Cemaati Kurulu Liberal lideri Dr. Kurt Fleischer, şöyle dedi: "Anti-semitizm, Tanrı'nın bizi

Michael Laitman

Bir Demet Başak Gibi

yönlendirmek ve birleştirmek için gönderdiği bir cezadır." Bu aynı zamanda Prof. Cohn Sherbok'un sözlerinin de kanıtıdır: "Yahudi yaşamının paradoksu şudur ki...antisemitizm olmadan soyumuzun tükenmesiyle karşı karşıya kalabiliriz." Aslında hepsi ne kadar da doğru söylüyor.

Nitekim Hitler de Yaradan'ın amacını gerçekleştirmek için, Yahudileri kullandığını düşündü. Kavgam kitabında, Yaradan'ın Yahudileri kral aracılığı ile cezalandırmasıyla ilgili olarak kraliçe Isabella'nın sözlerine benzer şeyler yazmıştır: "Ölümsüz doğa, emirlerini bozanlardan acımasızca intikam alır. Dolayısıyla bugün inanıyorum ki, Merhametli Tanrı'nın arzusuna göre hareket ediyorum: Yahudilere karşı kendimi savunuyorum, Tanrı'nın amacı için savaşıyorum."

Yaradan sevgi ve ihsan etme niteliği olduğundan, gettolardan çıkma, onların bu nitelikten uzaklaşmasına sebep oldu. Benzer şekilde ev sahibi toplumlara, dayanışma ve karşılıklı sorumluluk anlayışını getirmek yerine, toplumları yok eden egoizmi yaydılar ve bu nedenle kabul edilmelerinin hemen ardından hoşnutsuzluk ve antipatiyle karşılaştılar. Alman filozof Ludwig Feuerbach, Yahudilerin egoizmiyle ilgili olarak şunları yazar: "Yahudiler bugüne kadar niteliklerini korudular. Onların Tanrı'sı, dünyanın en temel ilkesidir, yani egoizm. Dahası egoizm din formunda açığa çıkar. Egoizm, hizmetkârlarının utanmasına izin vermeyen bir Tanrı'dır. Egoizm özellikle tek tanrılıdır, çünkü sadece kendine sahiptir."

Aslında, kim böyle bir şeyi toplumu için hoş karşılar ki? Özellikle içinde yaşadığımız ulusu sevmemize ve sonra pişman olmamıza sebep olan şey egoizmdir.

Yahudileri kadim zamanlarda eşsiz ve güçlü yapan şey onların birliği, özgeciliği ve İbrahim ve Musa'nın dünyaya vermek istediği şeye sahip olmalarıydı. Önceleri uluslar bu

Bir Demet Başak Gibi

Michael Laitman

niteliği onlarla paylaşacağımızı umarak, bizi hoş karşıladı. Fakat onlara bunun tersini verdiğimizi anladıklarında, sevgileri kızgınlığa ve hayal kırıklığına dönüştü. Ulusların umudunu boşa çıkarmaya devam ettikçe, aynı muameleyi görmeye devam edeceğiz ve gördüğümüz kadarıyla bu hayal kırıklığı daha da artacak.

Michael Laitman

> Bir Demet Başak Gibi

SONSUZ SEÇENEKLİ TOPRAKLAR

Almanya'da önemli bir güç haline geldikten sonra, Reformist Musevilik Amerika'ya, Macaristan'a ve Batı Avrupa'da sayısız ülkeye yayıldı. Bu Alman Yahudiliğinin özgürleşmesinin sonucuydu. Benzer bir dağılma Muhafazakâr Musevilik içinde geçerli oldu ve 1800'ün ortalarında Amerika'da Yahudiliğinin en baskın iki sınıfı oluştu.

HUC Üniversitesinden Prof. Micheal Meyer, Modernliğe Cevap: Musevilikte Reform Hareketinin Tarihi adlı kitabında Almanya'daki Musevilerin, sürekli olarak kendini hem Ortodokslara, hem de hükümete karşı savunmak zorunda olduğunu ve bu engellerin Amerika'da olmadığını yazar. Meyer şöyle devam eder: "Aslında bireysel ve kolektif olarak, Amerikalılar önyargıdan tamamen uzak değildir, fakat Amerika'da hükümetin dini bir kontrolü yoktur ve dini bir yaşam modelini kurması için kiliseyi zorlamaz."

Muhafazakâr ve reformist Musevilik için Amerika sınırsız olanak sunar. Ev sahibi ulusla özelikle Hristiyan toplumla kaynaşmak ve büyümek için bereketli topraklar bulunmuştu. Prof.Meyer'e göre, "Alman Yahudileri, içine girdikleri ulusun kaderini paylaşma konusunda kendilerini partner olarak hissetmedi. Bu bakımdan Amerika farklıydı. Önemli Avrupa ulusları gibi Amerika'nın kendine özgü bir çalışma anlayışı vardı ve bu bütünüyle belirlenmiş bir kaderin üzerine kurulmuştu. Amerika'daki Yahudiler, kendi misyonlarının daha büyük bir ulusal amacı oluşturacağını hissediyordu."

Aslında, Yahudilerin uluslara katkıda bulunması Amerika'daki kadar önemli olmamıştı. Ekonomi, eğlence, eğitim, politika ve Amerikan yaşamının diğer alanlarında, Yahudiler öncülük etmese de, önemli bir rol oynar.

Bir Demet Başak Gibi

Michael Laitman

Tüm tarih boyunca, Yahudiler onlara verilen görevi yerine getirmede, hiç bu kadar iyi bir konumda olmamıştı. Amerikan yaşamının her köşesine yayılmışlar ve kamuoyunu ilgilendiren tüm ortak paydaya katkı sağlamışlardır. Amerikan kültürünün dünya genelindeki önemine bakacak olursak, Yahudiler tüm dünyayı etkileyecek değişimde önemli bir rol alır.

Farklı bir şekilde bakarsak, diğer güçlü ülkelerin Amerika düşmanlığına rağmen, küresel kültür- dolayısıyla sosyal standartlar- açısından, Amerika daima öndedir. En etkili filmler, pop müzik, internet, sosyal iletişim ağları örneğin Facebook, Amerika kaynaklıdır. Bir bakıma Amerika için New York neyse, dünya içinde Amerika odur. Eğer orada başarırsanız, her yerde başarırsınız.

Dolayısıyla Amerikan Yahudileri, muhtemelen İsrail'de yaşayanlar hariç herhangi bir Yahudi'den daha çok sorumluluğa sahiptir. Eğer onlar birlik olup, karşılıklı sorumluluk değerlerini topluma aşılarlarsa, geri kalan halk onları takip edecektir. Bugün birçok Amerikalı anlamıştır ki, Amerikan Rüyasının ilkeleri artık gerçeği yansıtmıyor. Egoizm ve kendini beğenme, düşünceyi açıkça söylemek, çok çalışmak, başarmak ve inanç içinde yaşamak özgürlüğüyle ilgili olarak iyi olan herşeyi tüketmiştir.

Amerikan toplumunda çok fazla şiddet, güvensizlik, rekabet ve istismar söz konusu, çok yakında köklü bir değişiklik olmaz ise, toplum tamamen bozulacak. Eğer bu gerçekleşirse, her zamanki gibi, Yahudiler suçlanacak. Yahudilerin bilime, kültüre ve ekonomiye olan katkıları geri çevrilecek ve Yahudiler herkesin gözünde yanlış yapan durumuna düşecek. Nesiller boyunca süren anti-semitizm yüzeye çıkacak ve Nazi Almanya'sı dehşeti tekrarlanacak.

Bu kitapta gördüğümüz gibi Yahudi olanlar ve olmayanlar kesinlikle farkındırlar ki, Yahudiler, özel bir görev için bir

Michael Laitman

Bir Demet Başak Gibi

araya getirilmiş, bir hizmet gücüdür. 1976'daki kongrede (CCAR) Amerikalı Yahudi Din Önderleri Reformist Yahudilik: Asırlık Bir Perspektif adlı bir platform oluşturdular. Bu platformda, "En önemli önceliğimizin, Yahudi halkının varlığını sürdürmesi olduğunu ve sorumluluklarımızı yerine getirdiğimizde, insanlığı mesih anlayışına taşıyacağımızı" öğrendik.

Aslında, bağlılık, aydınlanma ve Yaradan'ın ihsan etme niteliğini edinmenin mümkün olduğu tek ulus Yahudi ulusudur. Konferans delegeleri farkında olsun ya da olmasın mesih anlayışını gerçekleştirmemiz, tüm uluslar adına yukarıda bahsettiğimiz nitelikleri edinmemize ve onun faydalarından yararlanmamıza bağlıdır. Onlar, görevimizi yerine getirene kadar üzerlerine gelen her zorluk ve sıkıntı için bizi suçlayacaklar. Görevimizden kaçtıkça, bizi daha çok zorlayacaklar.

Yunus Peygamber, bu amacın kaderimiz ve değiştirilemez olduğunun hatırlatıcısıdır. Tarihin birçok defa kanıtladığı gibi, ya bunu isteyerek yerine getirir fayda sağlarız ya da isteksizce yerine getirir dünyanın tüm sıkıntılarını üstleniriz.

İstekli olduğumuzda, platformun final bölümü şu başlıkta olur: "Umut: Yükümlülüğümüz." Bu bölümde CCAR önemli bir mutabakata varır: "...halkımız daima umutsuzluğu reddetti. Soykırımdan kurtulanlar, bu felaketin üzerine çıkıp, yeniden hayata tutunarak, insanlığa insan ruhunun yenilmez olduğunu gösterdi. İsrail Devleti... tüm tarih boyunca birlik içindeki insanların başarılı olduğunun ispatıdır. Yahudilerin varlığı çaresizliğe karşı bir örnektir: Yahudi kurtuluşu, insanlık umudu için bir garantidir.

"Tanrı'nın tanığıyız ki tarih amaçsız değildir. Bizler doğruluyoruz ki, Tanrı'nın yardımıyla insanlar kaderlerini etkilemede güçsüz değil. Bizden önce yaşamış nesillerin yaptığı gibi, kendimizi çalışmaya ve 'Benim kutsal

109

Bir Demet Başak Gibi

Michael Laitman

dağlarımda onlar zarar görmeyecek ve yok edilmeyecekler çünkü suyun denizi doldurması gibi yeryüzü de Yaradan'ın bilgisiyle dolacak' sözünü gerçekleştirmeye adamalıyız."
Nitekim tarih, özellikle de Yahudi tarihi amaçsız değildir. Eğitimsel bir amacı vardır: Yaşamdaki rolümüzü öğretmek ve mutluluk yolunu acının yolundan ayırmayı göstermek. Yine de hangi yöne gitmek istediğimiz bizim seçimimizdir.

20. yüzyıl Kabalistlerinden Baal HaSulam "Zohar Kitabı'na Giriş" te Yahudilerin rolüyle ilgili olarak şunu yazar: "Şunu aklınızda tutun ki, herşeyde bir içsellik, bir de dışsallık vardır. İbrahim'in, İshak'ın ve Yakup'un soyundan gelen İsrail, dünyanın içselliği olarak kabul edilir (Yaradan'a en yakın) ve diğer yetmiş ülke dünyanın dışsallığı olarak kabul edilir. ...Ayrıca İsrail'deki her insanın kalpteki nokta dediğimiz (Yaradan için arzu) içselliği ve dışsallığı vardır -Dünya ulusları (tüm diğer arzular).

"İsrail'den birisi, insanın İsrail'i olan içselliğini, dışsallığına karşı çoğaltır ve onurlandırırsa... böyle yaparak kişi İsrail'in çocuklarının içselliğini ve aynı zamanda dünyanın dışsallığını yükseltir. Sonra dünya ulusları... İsrail'in çocuklarının değerini bilir.

"Ve Allah korusun, tersi olursa ve İsrail'den birisi, içindeki İsrail'den daha fazla olarak, dünyanın diğer ulusları olan dışsallığını çoğaltır ve onurlandırırsa, şöyle denildiği gibi, 'İçindeki yabancı' yani o kişinin dışsallığı yükselir, çoğalır ve İsrail düşer. Bu eylemlerle, kişi dünyanın dışsallığını daha yükseğe çıkartır ve İsrail'i yere düşürerek, onu yener ve İsrail'in çocukları, dünyanın içselliği, derinlere batar.

"Bir kişinin eylemlerinin tüm dünyaya yükseliş ya da düşüş getirmesine şaşırmayın, çünkü genelin ve özelin, kabuğun içindeki iki bezelye tanesi gibi benzer olduğu yasası değişmez. Dahası, parçaların kalitesine ve sayısına bağlı olarak, bütün parçalarla açığa çıktığından, parçalar bütünü

110

Michael Laitman

Bir Demet Başak Gibi

meydana getirir. Dolayısıyla, parçanın eyleminin değeri, bütünün değerini yükseltir veya düşürür.

"Dahası, eğer insan Tora'nın ve onun sırlarının (Yaradan'ı edinmek için çaba) içselliğini yükseltme çabasını artırırsa, bir ölçüde kişi dünyanın içselliğinin (İsrail) erdemini, dışsallığın (dünya ulusları) üzerine yükseltir. Ve tüm uluslar İsrail'in onlar üzerindeki faziletini anlar, ta ki şu sözleri idrak edene kadar 'İsrail evi Tanrı'nın topraklarında onlara egemen olacak' ve ayrıca şöyle dendiği gibi, 'Tanrı şöyle der: Gör, uluslara elimi kaldırıp, onlara bunu açıklayacağım: Ve onlar oğullarınızı kollarında getirecek ve kızlarınızı omuzlarında taşıyacak.'

"Fakat eğer, Allah korusun, tersi olarak, İsrail'den birisi Tora'nın ve onun sırlarının içselliğinin erdemini düşürürse... Uluslar İsrail'in çocuklarını aşağılar ve düşürür ve İsrail'i, dünyanın sanki ona ihtiyacı yokmuş gibi gereksiz görür.

"Bu olduğunda, tüm dünyanın dışsallığı kuvvetlenir ve İsrail'in çocuklarını -dünyanın içselliğini-hükümsüz kılar. Böyle bir nesilde, Dünya ulusları arasındaki tüm yıkıcılar başlarını kaldırır ve öncelikle İsrail'in çocuklarını yok etmeyi ve öldürmeyi ister, şöyle yazıldığı gibi, 'Dünyaya İsrail hariç hiç felaket gelmez.' Bu şu demektir, onlar fakirliğe, yıkıma, soyguna, katliama ve bütün dünyanın yok olmasına sebep olur."

Sonuç olarak, rolümüzü yerine getirir ve ışığın bereketini dünyaya geçirirsek, önce Yaradan'ın niteliği, Baal HaSulam'ın bahsettiği içsellik, sonra Dünya Uluslarının içselliği güçlenir ve yıkıcı olan dışsallıkları teslim olur. Ve dünyanın içselliği olan İsrail'de, dünyanın dışsallığı üzerinde yükselir. Daha sonra tüm dünya ulusları İsrail'in amacını anlar ve öğrenir.

Böyle küçük bir ulusun dünyada böyle bir fark yaratması ağır bir görev olarak görülebilir, fakat gerçekte, çabalarımızın

111

Bir Demet Başak Gibi

Michael Laitman

başarısı ya da başarısızlığı sadece bir tek şeye bağlıdır: Birlik olmamıza. Başarımızda önemli bir rol olan birlik olmanın önemini kendimize hatırlatmak için gelecek bölüm asırlar boyu atalarımızın birlik olmakla ilgili söylediklerine ayrılmıştır. Akabinde bu birliği başarmanın yollarını inceleyeceğiz.

BÖLÜM 8

SONSUZA KADAR BERABER

Bir Demet Başak Gibi

Michael Laitman

Birlik, Birlik ve Bir Kez Daha Birlik

Kitap boyunca söylediğimiz gibi, birlik İsrail'in tüm kötülüklere karşı sigortası ve ilacıdır. Bugün egoizmimiz o denli gelişmiştir ki, yaşamımızın sürdürülebilirliği birlik olmamıza bağlı olmasaydı, onu daha fazla muhafaza edemezdik. Bu durum bizim gibi düşünen dostlar tarafından da gözlemlenmektedir.

1940 yılında yayınlanan bir makalesinde, Baal HaSulam tüm sıkıntılarımızın birlik eksikliğinden kaynaklandığına işaret etmiştir. Şöyle yazar: "Bir çuvala konulmuş ve istiflenmiş ceviz yığını gibiyiz. Ancak, bir arada olmaları onları bir bütün yapmaz çünkü çuvalın tek bir hareketi, karışıklığa ve aralarında ayrılığa sebep olur ki bu şekilde tam olmayan bir birlik ve ayrılık söz konusu olur. Eksik olan şey içten gelen doğal birliktir ve bu birliğin gücü dışsal durumlardan elde edilir. Bizimle ilgili olarak bu oldukça acı verici bir durumdur."

Beşinci bölümde Baal HaSulam'ın "Bazı İnsanlar" adlı makalesinden bahsetmiştik. Makalede, Yahudilerin birbirlerinden ayrılmasında, onlar üzerinde elde ettiği zaferin anahtar unsur olduğuna inanan Haman'dan bahseder. Haman biliyordu ki, aralarındaki ayrılık, aynı zamanda Yaradan'dan, ihsan etme niteliğinden, realiteyi yaratan tek güçten, ayrı olduklarının da göstergesiydi. Bu sebeple Haman, Yahudilerin zayıflığından yararlanacağına inanıyordu. Oysa diğer yandan Mordehay en az Haman kadar tehlikenin farkındaydı ve "bu eksikliği düzeltmek için oraya gitti, ayette söylendiği gibi, 'Yahudiler bir araya toplandı ve yaşamak için ayağa kalktı.' Bu demektir ki bir araya gelerek, kendilerini kurtardılar."

Haman'ın bir diğer karşılığı olan Adolf Hitler, Yahudilerin birlik olma özelliğine ve günümüzde bu özelliğin eksikliğini duymamıza dikkat çekmiştir. "Kavgam" kitabında şöyle

114

Michael Laitman

Bir Demet Başak Gibi

yazar: "Yahudiler sadece ortak bir tehlike onları zorladığında ya da bir kötülük söz konusu olduğunda, birlik olur: Eğer bu iki şey yoksa aşırı egoizmleri açığa çıkar ve bir göz açıp kapamasında bu birlik içindeki halk, aralarında kanlı bir şekilde dövüşen sıçan sürüsüne döner."

Dolayısıyla, birlik olmayı nasıl başaracağımızı tartışmadan ve nesiller boyu halkımızın deneyimlediği acılardan korunmayı öğrenmeden önce, bu bölümü din adamlarından ve Yahudi düşünürlerden aldığımız sözleri aktarmaya ayırdık. Bu sözler bize birlik ve dayanışmanın önemini hatırlatacaktır. Esas varlık sebebimiz alma arzusu olduğundan, birlik olmada başarılı olmak için, ıstıraplarımıza kalkan olacak şeyi, birlik olmayı istememiz gerekir. Aşağıda atalarımızın ilham veren sözlerini okuyacaksınız.

Michael Laitman

İSRAİL'İN KALBİ VE RUHU BİRLİKTİR

Hillel ve Shamai'nin söylediklerine karşın, onlar "Gerçek sevgi ve barış" sözlerine uygun olarak, birbirlerine dostluk ve kardeşlik içinde davrandı.

Babil Talmudu, 1.Bölüm

İsrail'in içinde, dünyanın birliğinin sırrı vardır. Bu nedenle onlara "adam" denir.

Rav Avraham Yitzhak HaCohen Kook, Kutsallığın Işıkları

Sina Dağında, İsrail'in çocukları bir ulus oldu. Bu sebeple "ben" tekil halde yazılmıştır çünkü aralarındaki birlik derecesinde, O'nun Tanrısallığı, İsrail çocuklarının üzerinde var olur.

Yehuda Leib Arie Altar

Aklın perspektifinden bilinir ki, her insan kendine özgüdür... oysa kalbin perspektifinden bakıldığında, İsrail'de birlik vardır.

Rav Samuel Bornstein

İsrail, topraklarına girdiğinde tek bir ulustu. Bunun ispatı şudur ki, İsrail Ürdün'ü geçmediği ve topraklarına varmadıkça, cezalandırılmayacak... ta ki geçene ve birbirlerinden sorumlu olana kadar.

Dolayısıyla İsrail birbirinden sorumlu değildir çünkü birisine Arev (garantör/sorumlu) denirken, diğerine Meorav (karışık/karışmış) denir ve İsrail topraklarına varana kadar onlar birbirlerine bağlanmaz. İsrail topraklarında, onlar bir ulus haline gelir.

Loewe ben Bezalel, Doğruluğun Yolu Bölüm 6

Michael Laitman

Bir Demet Başak Gibi

İsrail'in 600.000 ruhu örülmüş bir ip gibi birbirine bağlı olduğundan, ipin başlangıcını oynattığında, hepsini oynatmış olursun. Dolayısıyla, bir adam günah işlerse, gazap bütün topluluğun üzerine gelir... bunun sebebi şudur ki, tüm İsrail birbirinden sorumludur.

...Kim bozuksa, ruhundaki bozukluğu düzeltene kadar tüm İsrail ruhları bozulur. ...Bu şu demektir, parçalar birbiriyle bağlantılı olduğundan, onlar ayrılamaz.

Rav Eliyahu Di Vidash, İlmin Başlangıcı, Korkunun Kapısı 14.Bölüm

Tüm ruhlar kaynaştığında ve bir olduğunda, hepsi yükselir ve bütün olur, sonra kutsallık bir olduğundan, onlar kutsallığa doğru yükselir... Dolayısıyla kişi önce "Komşunu kendin gibi sev" emrini yerine getirmelidir, hocamızın yazdığı gibi, barış olmadıkça duanın sözlerini dile getirmek imkânsızdır, bu ancak İsrail'in bütün ruhları birleştiğinde olur.

Rav Nathan Sternhertz, Muhtelif Kurallar, 1.kural

İsrail'in bedenleri bölünse bile, onların ruhu köklerinde birdir... bu sebeple İsrail'in kalplerinde birleşmesi emredilmiştir, şöyle yazdığı gibi: "İsrail burada kamp kurmuştur, bu şu demektir, onlar uyumludur yani birlik içindedir."

Rav David Solomon Ebenschutz

Tam olarak birliği kurmadan önce, İsrail'e Tora (İhsan etme yasası) verilmeyecektir, tıpkı yazıldığı gibi "Ve İsrail dağın önünde kamp kurdu." Atalarımızın söylediği gibi, Musa da hiçbir şekilde alamadı ve Yaradan Musa'ya buzağı ile ilgili olarak şöyle dedi, "Yüceliğinden aşağıya in çünkü bu yüceliği sadece İsrail'e verdim."

Rav Moshe Alsheich, Musa'nın Yasası

Bir Demet Başak Gibi

Michael Laitman

İsrail birlik olduğunda, kazanacaklarının sonu yoktur.

Rav Elimelech Weisblu,

Kudüs, tüm İsrail'i bir araya getiren şehirdir.

Kudüs Talmudu 3.Bölüm

Siz, burada olan dostlar, bundan böyle önceden olduğu gibi sevgi ve kardeşlik içinde Tanrı aranıza katılana ve size barış getirene kadar birbirinizden ayrılmayacaksınız. Ve sizin erdemliğiniz dünya için barış olacak, şöyle yazdığı gibi: "Kardeşlerimin ve dostlarımın iyiliği için, konuşacağım, 'Barış senin içinde olsun.'"

Yehuda Aşlag (Baal HaSulam) Sulam'ın Girişiyle Zohar Kitabı, Ölümden sonra, madde 66

Michael Laitman

Bir Demet Başak Gibi

İSRAİL'İN KURTULUŞU: BİRLİK

Acılara karşı en iyi savunma sevgi ve birliktir. Aralarında sevgi, birlik ve dostluk olduğunda hiçbir felaket onları yenemez... Putlara tapsalar bile, eğer aralarında bağ varsa ve kalpleri birse, barış içinde olurlar ve hiçbir kötülük üzerlerine gelmez ve tüm belalar ve acılar bu birlik sebebiyle kaldırılmış olur.

"Bugün hepiniz ayaktasınız" sözünün anlamı şudur: Tüm mağlubiyetlere rağmen, İsrail halkı tek kalp tek adam olarak dirilerek, ayakta olacak. ... Aranızda bağ kurarak, zorlukların içinde yürüyebilirsiniz ve artık onlar size ulaşamaz ve zarar veremez.

"O, bugün sizi Halkı olarak belirler," bu şu demektir, bu şekilde siz dirileceksiniz ve tüm felaketlerden korunacaksınız. Sonra 'O' onlara şöyle dedi: "Şimdi sizinle bu anlaşmayı yapıyorum" yani bağ kurarak bütün kötülüklerden korunmak, sadece Musa'nın nesline söz verilmedi. Bunun yerine şöyle dendi: "Bugün burada bizimle duranlarla... ve bugün burada bizimle durmayanlarla" yani gelecek nesiller aralarında birlik oldukça, tüm zorlukları geçecek ve zarar görmeyecekler.

Rav Kalonymus Kalma Halevi Epstein, Işık ve Güneş

Her nesilde aramızdaki birliği güçlendirme emrini aldık, bu şekilde olduğumuzda düşmanlarımız bize hükmedemez.

Rav Eliyahu Ki Tov, Bilincin Kitabı, 16. Bölüm

Tanrı Davut'a dedi ki: " Günahları yüzünden İsrail'in üzerine acılar geldiğinde, bırak onlar birlik içinde Benim önümde dursunlar ve Benim önümde günahlarını itiraf etsinler... İsrail Benim önümde durup, bir araya geldiğinde, affedilmek için Benim önümde dua ederse, onları bağışlarım.

Tanna Devei Eliyahu

Bir Demet Başak Gibi

Michael Laitman

Kişi kendini tüm İsrail'in içine dahil ederse ve birlik olursa, Yaradan o birliğin içinde olur. O zaman size hiçbir zarar gelmez.

Rav Menahem Nahum, Gözlerin Işıkları

İsrail'in arasında birlik varsa, her ne kadar çekişseler de, o birlik değerlidir. Bu sebeple, "Moab (Ölü Denizin doğusunda yer alan tarihi bir bölge) halkı büyük korku içindeydi" denir, çünkü her ne kadar aralarında çekişme olsa da, onlar birlik içindedir, bu yüzden "büyük korku" denir.

Rav Moshe Taitelboim

Dolayısıyla şöyle dedi: "Yakup'un oğulları bir araya gelin ve duyun" özellikle "bir araya gelin" denir çünkü ıslahın en önemli unsuru bir araya gelme öğüdüdür, yani İsrail'de sevgi, birlik, barış olacak ve bir araya gelip, nihai amacı aralarında konuşacaklar. Böylece bütünlüğe erişecekler çünkü birlik olma derecesinde İsrail ve Tora (İhsan Etme Yasası) birdir.

Rav Nathan Sternhertz, Belirlenmiş Kurallar, Kural 4

İsrail tek kalp tek adam olarak, kutsal bir topluluk ve birlik olacaktır. Sonra önceden olduğu gibi birlik İsrail'i iyileştirdiğinde, kötülüğün yanlış yapacak yeri olmayacak. Tek kalp, tek adam olduklarında, kötü güçlere karşı bir duvar oluşturacaklar.

Rav Shmuel Bornstein

Musa'nın ölmeden önce çok çaba harcadığı şey, karşılıklı sorumluluk ve İsrail'in çocuklarını birleştirmekti. Bütün İsrail birbirinden sorumludur, yani bir arada oldukları zaman, onlar sadece iyiyi görürler.

Rav Simcha Bonim Bonhart, Yayılan Ses, 1.Bölüm

Michael Laitman

Bir Demet Başak Gibi

İsrail'in tüm ruhları tam bir birlik içindedir ve aynı seviyededir, tıpkı çölde kötü yaratıklar arasında yol alan bir kervan gibi, ama kötü yaratıklar onlara yaklaşamaz. Kamp yaptıkları yerden ayrıldıklarında, geride kalan yalnız kalır ve dostlarından ayrıldığı için hayvanlar tarafından öldürülür.

Rav David Solomon Elbenschultz

Kötü Haman'ın, kraldan Yahudileri kendisine satmasını isteme nedeni olarak gösterdiği şey, "Dağılmış ve ayrılmış insanlar var." Bu söylediklerini şuna dayandırmıştır, aralarında ayrılık olduğu için bu ulus yok edilmeyi hak ediyor çünkü aralarında tartışıyorlar ve anlaşamıyorlar, kalpleri birbirinden ayrılmış. Ancak, Tanrı acıdan önce şifayı verir.... İsrail'in tek kalp tek adam olmasını ve birbirine bağlanmasını hızlandırır ve onları kurtaran budur, ayetteki gibi, "Gidin ve tüm Yahudiler bir araya gelin."

Rav Azarya Figo, Binah Leitim, Olaylar için Anlayış

Günah işlediklerinden, birlik olma gücü günahkârlardan alındı ve İsrail'in çocuklarına verildi... bu hatırlamamız gereken büyük bir lütuftur. Aynı zamanda buna güvenmeliyiz çünkü birliğin gücü bize eşlik ettiğinden, niyetimiz iyi, başaracağımızdan eminiz.

Yehuda Leib Arie Altar

Hazzın ve başarının kaynağı sosyal birlik meselesi, insanlarda bedene ve bedensel meselelere dayanır ve aralarındaki ayrılık her türlü felaketin ve şansızlığın kaynağıdır.

Yehuda Aşlag (Baal HaSulam), Özgürlük

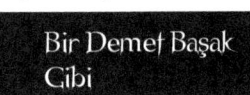

Michael Laitman

BİRLİK DEMEK KURTULUŞ DEMEKTİR

İlyas Peygamber, sadece varolan eksikliği ıslah etmek için geldi. Bu sürtüşmeyi durdurmak, sürgünden kurtarılmayı hak edene kadar İsrail'i birleştirmek için geldi. Bu böyledir çünkü İsrail tek bir bütün olmadan sürgünden kurtulamaz, Midrash'ta dendiği gibi, "İsrail bir olmadan kurtulamaz."

Judah Loewe ben Bezazel

Kurtuluş zamanıyla ilgili olarak iki peygamberin kehanette bulunması harikadır: "Ve Ben onlara tek kalp vereceğim." Aslında ne kehanette bulunacaklarını biliyorlardı; kadim zamanlardan beri kalplerin ayrılığının kötülüğü ulusumuz için pusuda bekliyordu.

Avraham Kariv, Atarah LeYoshnah,

Şu açıktır ki, önümüzdeki engebeli yol için gereken büyük çaba, hiçbir istisna olmadan tüm ulusumuzun çelik kadar sert ve güçlü birliğini gerektirmektedir. Yolumuzda duran güçlere karşı birleşmiş olmazsak, o zaman başlamadan yeniliriz.

Yehuda Aşlag (Baal HaSulam) Baal HaSulam'ın Yazıları, Ulus

BÖLÜM 9

ÇOĞULCU YAKLAŞIM

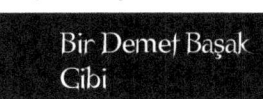

Michael Laitman

Sosyal Çevre Vasıtasıyla Bağ Kurmak

Zulüm ve anti-Semitizm, ya da daha modern deyimiyle Yahudi fobisi, geçtiğimiz iki yüzyıldır halkımızın kaderi oldu. Kitap boyunca gördüğümüz gibi, bu nefret aniden ortaya çıkmadı. Bu nefretin kökü, yaşam amacı sınırsız haz ve mutluluk elde etmek olan insanoğlunun, bilinçsiz bir şekilde Yahudilerden görevini yerine getirmesi talebinde bulunmasına dayanmaktadır.

Buraya kadar Yahudi ulusunun amacını, üstlendiği görevi ve asırlar boyu süren ıstırabının nedenini konuştuk. Bundan sonra tüm insanlığın yoluyla örtüşen amacımıza ulaşmak için izlememiz gereken ilkeleri tartışacağız.

ÜSTÜN OLMA GÜDÜSÜ

İkinci Bölümde, Yaratılışın temel arzularıyla ilgili atalarımızın sözlerini ve alma arzusunu meydana getiren dört seviyeyi tanıttık. Açık bir şekilde realitenin, alma arzusu ve ihsan etme arzusundan meydana geldiğini ve alma arzusunun cansız, bitkisel, hayvansal ve konuşan seviye olarak bilinen dört seviyeye ayrıldığını öğrendik. Bununla birlikte, gelişimin farklı seviyelerinde, farklı bir kılığa bürünen tek bir arzu söz konusudur.

Örneğin, en temel arzu, yaşamı sürdürme arzusudur. İnsan seviyesinde bu arzu, ısınmak, örtünmek ve beslenmek için tahta bir kulübeyle bile doyuma ulaşır gibi görünür. Bu arzunun cansız seviyesidir. Tıpkı hayvansal olmayan maddelerin atomlarını ve moleküllerini başka hiçbir şey yapmadan bir arada tutması gibi, insan da görünüş olarak atomlarını ve moleküllerini bir arada tutarak sadece kendi hayatını sürdürebilmek ister.

Bitkisel seviyedeki arzuda, insan kendi seviyesini korumayı amaçlar. Belli türdeki çiçeklerin aynı anda açması ya

Michael Laitman

Bir Demet Başak Gibi

da solması gibi, böyle bir insan da köyündeki ya da kasabasındaki diğer herkesin istediği şeyi ya da televizyonda gördüğü son modayı takip etmek ister.

Eğer kişi herkesin fakir olduğu bir çevrenin içindeyse, kendini fakir hissetmez. Örneğin, yeni giyim trendi sol ayakkabıyı sağa giymekse, bitkisel seviyedeki insan bu trende uyduğu sürece yanlış ayağa yanlış ayakkabı giymekten hiç rahatsız olmaz.

Hayvansal seviyedeki insan, bitkisel seviyeden kendini ifade etme arayışı başladığında ayrılır. Böyle bir insan herkes gibi olmak istemez ve kendi bireyselliğini kurma ihtiyacı hisseder. Çoğunlukla da bu seviye, yaratıcılığa ve kişinin yaptığı seçimin farklılığına öncülük eder.

Konuşan (insan) seviye, en karmaşık ve hilekâr seviyedir. Burada kendini ifade etmek yeterli değildir. Bu seviyede üstün olma arzusu vardır. Bu arzu insanın kendini özel, hatta eşsiz olarak görmek istediği arzudur. Diğer bir deyişle bu seviyede sürekli olarak kendimizi başkalarıyla kıyaslarız.

Açıkçası bugünlerde bir şeyde en iyi olmakla yetinmiyoruz; herşeyin en iyisi olmaya çabalıyoruz. Sürekli olarak duyduğumuz spor istatistiklerini düşünün: Micheal Phelps, yüzmede 1972 Olimpiyat oyunlarında yedi altın madalya kazanan Mark Spitz'in rekorunu kırmak istiyor, basketbolcular kendilerini Micheal Jordan'la kıyaslıyor, ya da kendinden öncekilerden daha fazla turnuva kazanmış Federer'in, teniste daha çok unvan kazanmak istemesi ve tüm bu başarılara rağmen Olimpiyat Altın madalyası kazanamadığı için mutsuz olması.

Spor belki çarpıcı bir örnek, fakat kesinlikle istisna değil, daha ziyade bir model. İlk haftasında en çok kârı elde eden filmler, en fazla kopya satan albümler, en çok telefonu/ bilgisayarı/ arabayı satan şirketler, sürekli olarak rekabet halinde. Bir lise öğrencisine sorun, "Okul iyi gidiyor mu?",

Bir Demet Başak Gibi

Michael Laitman

muhtemelen şu cümle arasında bir cevap bulabilirsiniz, "sınıfımın en üst yüzdesi içindeyim" (iyi bir öğrenciye sorduğunuzu farz ediyoruz). Dolayısıyla iyi olmak artık yeterli değil; üstün olmak hayatımızın parolası haline geldi. Biz buna birey olma diyoruz. Kendim olmak yeterli değil; eğer biri değilsem, o zaman bir hiçim.

Ünlü Rav Elimelech'in kardeşi Rav Meshulam Zusha'nın, Hasidik hikâyesinde Rav Zusha şöyle der: "Cennete gittiğimde, 'Neden sen Elimelech (Zusha'nın abisi) değilsin' diye sorarlarsa, ne diyeceğimi biliyorum. Fakat bana 'Neden Zusha değilsin' diye sorarlarsa, ne diyeceğimi bilmiyorum." Ders açık, kendin ol ve potansiyelini açığa çıkar; bu hayatta yapman gereken tek şey.

Fakat Rav Zusha 18. yüzyılda yaşamış. Bugün böyle derse kabul görmez çünkü önemli olan kim olduğumuz değil, kendimizi kiminle kıyasladığımız, içinde olduğumuz sınıfın seviyesi. Toplumun öncelikli sloganı, yabancılaşma ve anti sosyal olmaksa, toplumların dağılmasına şaşmamak gerekir.

Michael Laitman

Bir Demet Başak Gibi

BEN OLMAK, BİZ OLMAK, BİR OLMAK

İnsan doğasıyla ilgili bugünkü bildiklerimizle, rekabetçi ve yabancılaştırıcı tavırlardan kaçınmamız mümkün değil çünkü bu içimizden geliyor, Doğa'nın evrimini durduramadığımız gibi arzuların evrimini de durduramadığımızdan, dördüncü, konuşan seviye arzunun bir dayatmasını yaşıyoruz. Dahası Yaradan'a benzer olmak için Yaratılış amacını başarmak istiyorsak, arzuları bizi ileriye taşıyacak bir yakıt gibi kullanmak zorundayız, yani arzularımızı yok etmemeli ve bastırmamalıyız, aksi halde yaşam amacını edinemeyiz.

Nitekim, ben-merkezci arzularımızı yükseltmeyi durdurmayı başaramamış olmak, her seviyede insan ilişkilerinin kötüleşmesi trendini kabul etmemiz demek değildir. Toplum düzeni, mal stoklamak, saklamak ve etrafımızdaki insanlardan gelecek mucize için yatıp beklemek noktasında olmak zorunda değil.

Aslında, ulusumuzun acı dolu tarihinin gösterdiği gibi, kendimizi korumayı seçsek bile, Doğa yasaları, diğer ülkelerin pasif kalmamıza izin vermemesini sağlar. Zorluklar açığa çıktığında, Yahudiler bir kez daha bunun için suçlanacak ve her zamankinden daha fazla işkenceye maruz kalacaktır. Ancak, geçmişin tersine bunun gerçekleşmesini önlemek için yapacağımız çok şey var.

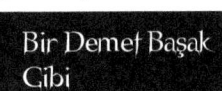

Michael Laitman

İLK "EGO SAVAŞCISINI" UYANDIRMAK

Arzuların konuşan seviyesi ego olarak açığa çıktığında, Babil onun zirvesindeydi ve İbrahim halkının sosyal anlamda çöküşünün gizemini çözmekle yüz yüze kalan ilk kişiydi. Halkı kendi kulesini inşa etmeye o kadar dalmıştı ki, aralarındaki dostluk tamamen kaybolmuştu. Artık onlar "tek dil, tek insan" değildi, tek ilgilendikleri şey, kule inşa etmekti.

Rav Eliezer'in kitabı, halkının yeni tutkusuyla ilgili olarak İbrahim'in umutsuzluğunu şöyle anlatır: "Rav Pinhas der ki, orada (Babil) şehir ve kule inşa edecek taş yoktu. Onlar ne yaptı? Kiremitleri elle şekillendirip, zanaatkârlar gibi pişirdiler ta ki kule yedi mil yüksekliğe ulaşana kadar. Kiremitleri taşıyanlar doğudan çıktı, inenler batıdan indi. Ve bir adam düşüp, öldüğünde onunla ilgilenmediler. Oysa bir kiremit düştüğünde yakarıp şöyle dediler, 'Onun yerine yenisi ne zaman gelecek?' İbrahim onları şehri inşa ederken gördüğünde, hepsini Tanrı adına lanetledi."

Ancak, İbrahim onları lanetlemekten daha fazlasını yaptı. Önce çatlağı onarmaya ve halkını tekrar bir araya getirmeye çalıştı. Midrash Rabah, İbrahim'in dünyanın tüm insanlarını bir araya getirdiğini, Rav Behayei Ben Asher ise, Nemrut'un tanrısal gücünü nasıl püskürttüğünü, anlatır. Midrash'ta Rabeinu Behayei, şöyle yazar: "Nemrut ona şöyle dedi, 'Gücümle yeryüzünü ve cennetleri ben yarattım.' İbrahim cevap verdi, '...Mağaradan çıktığımda, güneşin Doğudan yükseldiğini ve Batıdan kaybolduğunu gördüm. Onu sen doğur ve batır, o zaman önünde eğileceğim. Fakat yapamazsan, putları yakma gücünü ellerime veren, seni öldürme gücünü de verir.' Nemrut yardımcılarına dedi ki, 'Bunun cezası ne olacak?' Onlar şöyle cevapladı, 'İbrahim, bizim 'Bir ulus ondan sonra gelecek, bu dünyayı ve gelecek dünyayı miras olarak alacak' dediğimiz kişi. Ve şimdi onun cezası olarak O bildiğini yapacak' Onu derhal ocağa

Michael Laitman

Bir Demet Başak Gibi

attılar. O sırada Tanrı ona merhamet etti ve kurtardı, şöyle yazdığı gibi, 'Ben seni Kaldelilerin Ur şehrinden çıkaran Tanrı'yım.'"

Kralla arasında geçen bu olaydan sonra, İbrahim ailesini, öğrencilerini ve eşyalarını yanına alarak, Babil'i terk etti. Yol boyunca -"Egoizmle yüz yüze kaldığınızda, onun üzerinde birlik olun." Diğer bir deyişle dostluklar arasına nefret girdiğinde, ihsan etme niteliğini, Yaradan'ın ifşasını ortak amaç yapın- mesajıyla hemfikir olanları yanına aldı. Böyle fiillerin ödülü, yüceltilmiş birlik, ihsan etme niteliğinin edinimi ve dolayısıyla da Yaradan'ın ifşasıdır.

Yukarıdaki cümle, birliğin, İbrahim'in yapmaya çalıştığı ıslahın özünü tanımlar. Ve bu öz -farklılıkların üzerinde birlik ve bağlılık ve (eğer istiyorsanız)Yaradan'ın ifşası- asla değişmez. Gerçekte bu, Doğa'nın İhsan Etme Yasası olduğundan, hiçbir zaman değişmeyecek.

Bu kitabın girişinde detaylandırıldığı gibi, İbrahim'in grubu, birlik olmada ve ortak amacı Yaradan'ı ifşa etmek olan İsrail halkını oluşturmada başarılı oldu. Farklılıklar üzerindeki birlik vasıtasıyla İsrail, insanın "ben" düşüncesinden "biz", daha sonrada "Bir" düşüncesine dönüşümü ve Yaradan'ı algılama metodunu geliştirdi.

İsrail egoizm üzerine birliği inşa ederek gittikçe güçlenirken, dünyanın geri kalanı ben-merkezci hedonist kültürün hâkimiyetini ve büyüyen sonra yıkılan imparatorlukların düşüşlerini yaşadı. Bu sebeple bugün en hedonist bölgelerde bile, Babil Kulesi insan kibrinin ve akılsızlığının sembolüyken, İbrahim'in monoteizmi, tek tanrıcılığın en üstün kavramıdır.

Bu sebeple dünyayı eğitecek olan tek halk, dünya genelinde Yahudi olarak bilinen, İbrahim kadar bilge İsrail'in çocuklarıdır. Bu ilim İbrahim'in onlara bıraktığı mirastır ve onun yaptığı gibi bunu dünyaya geçirmeye mecburdurlar.

Michael Laitman

SAVAŞÇININ MİRASI, SOYUNA KALIR

Bugün insanlar anladı ki, küresel felaketleri engellemenin tek yolu birlik olmaktır. Bu farklı şekillerde de adlandırılabilir, örneğin, işbirliği, koordinasyon ya da başkalarını dikkate alma, ne ad alırsa alsın, şunu söylemek gereklidir ki birbirimize bağlı ve bağımlı olduğumuzu artık anlamaya başladık. Bu realite tüm küresel sistemlerin birbirine bağlı olduğu bir ortam yaratmaktadır. Ancak, bağ kurmaya çalıştığımız ölçüde duygusal olarak yabancılaşma ve kızgınlık hissediyoruz.

Bu zıtlığı çözmenin tek yolu kendimizi küreselleştirmektir. Gelişen ülkelerden ürün alımının çöküyor olmasının ve herşeyi ülke içinde üretmenin, ekonomik ve finansal zorluklar yarattığına hiç şüphe yokken, bazıları bunun doğru olduğunu söyleyecektir. Belki evet belki hayır, ama kimse izole olmanın yüksek fiyat etiketleri yarattığını inkâr edemez. Yine de bazılarının gözünde bu kavram gerçekçi değildir. Ekonomist Mark Vitner, küresel bağlılığın bozulması girişimlerini şu şekilde tanımlıyor: "Çırpılmış yumurtayı, eski haline getirmeye çalışmak. Bunu yapmak o kadar kolay değil."

Küreselleşmenin bir olasılığı da herkesin onun verimliliğinden faydalanması için, onu kuşatmak, genişletmek, koordine etmek, mükemmelleştirmek ve aynı zamanda birbirimizden hoşlanmayı öğrenmektir. Bunu başarmak için ihtiyacımız olan şey, düşünce yapımızı kendimizden (sadece kendimize odaklanmak), çoğula (tüm insanlara odaklanmak) doğru değiştirmektir.

Bugün İbrahim'in Babil'den kaçışından 4000 yıl sonra, dünya bunu dinlemeye hazır çünkü yeteri kadar acı çekti. Bugüne kadar bunu kendi başımıza halledeceğimizi, aklımız ve gücümüz sayesinde Doğa Ana'ya ya da Yaradan'a ihtiyacımız olmadığını düşünerek büyüdük.

Michael Laitman

Bir Demet Başak Gibi

NEDEN BAĞLILIĞA ÖNEM VEREN BİR TOPLUM OLUŞTURMUYORUZ?

Birinci bölümde form eşitliği kavramı tartıştık, dediğimiz şey şuydu: Eğer bir şeye benzer hale gelirseniz, onu görebilir, tanımlayabilir ve ifşa edebilirsiniz. Bu kavramı, radyo alıcılarının nasıl çalıştığını düşündüğümüzde daha kolay anlayabiliriz. Bir alıcı, sadece içinde benzer dalgalar olduğunda, diğer dalgaları algılayabilir. Benzer şekilde, bizler de dışarıda varmış gibi görünen şeyleri, yalnızca içimizde yarattıklarımıza göre algılarız. Bu, Yaradan'ı, ihsan etme niteliğini ve o niteliği içimizde şekillendirerek, dışımızda olanı keşfetmemizdir.

İbrahim'in bu kadar başarılı olmasının sebebi, form eşitliği prensibidir. Onun grubu bu niteliği aralarında keşfetti ve bunun sonucunda da Yaradan'ı keşfetti. Ben kavramından biz kavramına geçerek, varolan tek kavram tekliği, Yaradan'ı keşfettiler.

Bugünün dünyasında, sosyal bağlılığı edinmek yaşamımızı sürdürebilmemiz açısından hayati bir önem taşır. Yaradan'ın ifşasını bir çeşit "yardımcı" unsur olarak düşünebilirsiniz ama Yaradan'ın ihsan etme niteliği olmadan birliği asla başaramayacağımızı ve bundan dolayı da dünyayı küresel bir çatışmaya getirme tehdidinde bulunan küresel çatlağı asla tamir edemeyeceğimizi anlamalıyız. Bu sebeple form eşitliği vasıtasıyla birliği edinmede, İbrahim'in metodunu yaymayı hızlandırmak hayati önem taşır.

Bunu gerçekleştirmek için, istediğimiz şeyi özgür seçimimizle yaptığımız fikrini öncelikle terk etmeliyiz. Bilim gösteriyor ki böyle bir şey yok -en azından normalde düşündüğümüz gibi. Yakın zamandaki veriler topluma olan bağımlılığımızın arttığını ispatlıyor. Bu çalışmalar göstermiştir ki, sadece varlığımızı sürdürmek için topluma bağlı değiliz aynı zamanda düşüncelerimiz, niyetimiz ve

131

Bir Demet Başak Gibi

Michael Laitman

yaşamdaki başarı şansımız da içinde yaşadığımız topluma bağlı. Aslında başarının tanımı bile toplum değerlerine bağlıdır. Son olarak fiziksel sağlığımız da büyük ölçüde toplumdan etkilenir.

10 Eylül 2009'da New York Times gazetesi, Clive Thompson imzalı, "Arkadaşlarınız Sizi Şişmanlatıyor mu?" başlıklı bir yazı yayımladı. Bu yazıda Thompson, Framingham, Massachusettes'te gerçekleşen bir deneyi anlatır. Elli yılı aşkın bir süre boyunca periyodik olarak 15.000 kişinin yaşamı araştırılarak yapılan bu deney, daha sonra, Bağlı: Sosyal Ağların Şaşırtıcı Gücü ve Nasıl Hayatımızı Şekillendirdiği -Hissettiğiniz, Düşündüğünüz ve Yaptığınız Herşey Arkadaşınızın, Arkadaşının, Arkadaşını Nasıl Etkiliyor- adlı kitapta yayımlandı. Profesör Nicholas Cristakis ve James Fowler'in şaşırtıcı verileri fiziksel, duygusal ve akılsal seviyede birbirimizi nasıl etkilediğimizi ve fikirlerin virüsler gibi nasıl bulaşıcı olduğunu gözler önüne sermiştir.

Christakis ve Fowler, 5000'den fazla katılımcı arasında bir iletişim ağı olduğunu ve bu ağ içinde insanların karşılıklı olarak birbirlerini etkilediğini keşfetti. Framingham verilerini analiz ederek, Thomson şöyle yazdı: "Christakis ve Fowler, ilk kez olarak epidemiyolojide bazı net sonuçlar elde ettiklerini söylediler: Sigarayı bırakmak, zayıf kalmak ya da mutlu olmak gibi olumlu davranışlar, bulaşıcı virüsler gibi arkadaştan arkadaşa geçiyor. Verilere göre Framingham katılımcıları sadece sosyal bağ kurarak, birbirinin sağlığını etkiledi. Aynı şekilde obezite, mutsuzluk ve sigara içme gibi olumsuz davranışların, insanları 'etkilediği' görüldü. Sağlıklı olmak sadece genleriniz ya da yeme alışkanlıklarınız meselesi değil gibi görünüyor. Sağlıklı olmak aynı zamanda bir ürün, bir bakıma diğer sağlıklı insanların etkisini hissetmek."

Araştırmacıların keşfinden daha şaşırtıcısı şu ki, enfeksiyonlar atlama yapabiliyor. İnsanlar birbirlerini

Michael Laitman

Bir Demet Başak Gibi

tanımasa bile birbirlerini etkileyebiliyorlar! Dahası Christakis ve Fowler bu etkilerin üç derece sonrasında da açığa çıkabildiğini ispatladılar (arkadaşımın, arkadaşının, arkadaşı). Thompson şöyle yazdı: "Bir Framingham sakini obez olduğunda, onun arkadaşları büyük olasılıkla yüzde 57 oranında obez oluyor. Daha da şaşırtıcısı bazı bağlantılar atlanmış gibi görünüyor. Bir Framinghan sakininin obez olma oranı yaklaşık olarak %20 iken, yakın arkadaşı bir kilo bile almıyor. Oysa bir insanın obez olma riski, eğer arkadaşının, arkadaşının, arkadaşı kilo alırsa, %10 artıyor."

Prof. Christakis'ten alıntı yapan Thompson şöyle yazıyor: "Bir bakıma bufalo sürülerinin kaçışını incelediğimiz gibi, insan duygularını da anlamaya başlıyoruz. Bir bufaloya, 'Neden sola koşuyorsun' diye soramayız, çünkü bütün sürü sola doğru koşmaktadır."

Burada bir insanın kilosunu ya da sağlık durumunu izlemenin ötesinde sosyal bir etkileşim söz konusu. Bu yazıda Prof. Christakis, sosyal ve çoğunlukla fiziksel yaşamımızın, sosyal ağlarımızın niteliğine, gücüne ve bu ağın damarlarında akan şeye bağlı olduğunu yazmıştır. Şöyle devam eder, "Sosyal ağlar oluşturuyoruz çünkü birbirine bağlı bir yaşam daha önemli hale geliyor. Eğer sana karşı her zaman kızgınsam... ya da seni üzüyorsam... benimle bağını kesersin ve bağ kopar. Bu şekilde olumlu ve değerli şeylerin yayılması, sosyal ağların korunması ve devamlılığına bağlıdır. Benzer şekilde, sosyal ağlar sevgi, iyilik, mutluluk ve özgecilik gibi olumlu değerlerin yayılması için gereklidir. ...Sosyal ağların temel olarak iyilikle ilişkili olduğunu ve dünyanın şimdilerde ihtiyacı olduğu şeyin, daha fazla bağ kurmak olduğunu düşünüyorum."

Nitekim yalnızca etrafımızdaki insanlardan etkilenmiyoruz. Belirgin bir biçimde medyadan, hem ulusal hem de uluslararası politikadan ve ekonomiden etkileniyoruz. Firari Dünya: Küreselleşme Hayatımızı Nasıl Şekillendiriyor adlı

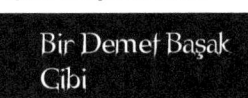

Michael Laitman

kitabında ünlü sosyolog Antony Giddens açık bir şekilde, eşzamanlı bağlılık ve akıl karışıklığını tanımlıyor: "İyi ya da kötü kimsenin tam olarak anlayamadığı küresel bir düzene doğru gidiyoruz, bir şeyin etkisini hepimiz hissediyoruz."

Son zamanlarda maddesel dünya, internet vasıtasıyla yeni bir eğilim sunuyor: Sosyal etki. Sosyal Enfeksiyon Sanatı: Viral Değişim adlı kitabında psikiyatr Dr. Leandro Herrero, sosyal çevrenin etkisiyle ilgili olarak, insan doğasının bir özetini sunuyor: "Bizler entelektüel olarak karmaşık, rasyonel olarak stil sahibi, hayli aydınlanmış, basit kopya makinalarıyız." İnsan doğasıyla ilgili yaptığı ironiye ilave olarak şöyle devam ediyor, "İnsanoğlunun zengin davranış gobleninin iplikleri, taklit ve etkiden yapılmıştır."

Ancak sorun başkalarına ya da dünyaya karşı tutumumuz, bundan fazlaca gurur duymamız değil. Davranışlarımız, derin bir değişimin, hiç kimsenin çözmeyi başaramadığı arzunun konuşan seviyesindeki egoizmin, ortaya çıkışının bir belirtisi.

Birçok insan değişimin içimizden gelmesi gerektiğini idrak etmiş durumda. Dünya Ticaret Örgütü'nün Genel Direktörü Pascal Lamy'nin belirttiğine göre, "Bugün gerçek değişim sadece sistemlerimizi, kurumlarımızı ya da politikalarımızı değil, düşünce şeklimizi değiştirmekle ilgilidir. Yarattığımız bu birbirine bağlı dünyanın zorluklarını ve sınırsız vaatlerini anlamak için imgeleme yapmaya ihtiyacımız var. ...Geleceğimiz daha fazla küreselleşmeye, işbirliğine, insanlar ve kültürler arasında daha fazla iletişime, hatta sorumlulukların ve ilgilerin daha fazla paylaşılmasına bağlıdır. Bugün ihtiyacımız olan şey, küresel çeşitliliğimizde birlik olmaktır."

Lamy birçok açıdan doğru söylüyor. Son yıllarda sinirbilimciler yeni bir keşifle –ayna-nöronlar- ilgili olarak, oldukça heyecanlılar. Ayna-nöronlar, beynin motor korteksi

ile ön lob arasında bir bölgede yer alır ve kol ve bacak hareketini yürütür. Ancak, Bugünün Psikolojisi gazetesinde yayınlanan yazıya göre, ayna-nöronlar sosyal bağlılık kurmamızda da önemli bir rol oynuyor. "2000 yılında ünlü sinirbilimci, Vilayanur Ramachandran'ın cesur bir öngörüsü oldu: 'Biyolojik yapımızda DNA'ların üstlendiği rolü, ayna-nöronlar psikolojimiz için üstleniyor.' ...onlar bizi insan yapan herşeyi temsil ediyor."
2011 yılında Sahte Beyin adlı kitabında Ramachandran, iddialarını bir adım daha ileri götürüyor. ...ayna-nöronların empatinin temelini oluşturduğunu, diğer insanları taklit etmemizi sağladığını, beynin evrimini hızlandırdığını ve hepsinden daha önemlisi yaklaşık 60.000 yıl önce insan kültüründe büyük sıçrayışa sebep olduğunu, söylüyor. "Ayna-nöronlar, insan evriminde İnternet, Wikipedia'nın oynadığı rolün aynısını yapıyor."

2009'da ünlülerin yaşamlarına olan ilgimizle ilgili olarak Times gazetesinde yazan filozof A.C. Grayling, bunun izlerini ayna-nöronlarda aradı: "Ramachadran yalnız değil. Empati kurabilmek için bir yeteneğe sahibiz. 'Ayna-nöronların' bu fonksiyonunun gösterdiği gibi, bu biyolojik evrimin gücüdür.' Bu yıl aynı gazetede Eva Simpson, tenis şampiyonu Andy Murray gözyaşlarına boğulduğunda neden insanların bu kadar etkilendiğiyle ilgili olarak şöyle yazdı.'... Bu, seyrettiğimiz kişiyle beraber aynı reaksiyonu vermemizi sağlayan, beyin hücrelerinin, ayna-nöronların suçu.' 2007'de New York Times'da bir makalede Cara Buckley, bir kişinin diğer bir kişiyi kurtarmak için kahramanca davranışlarda bulunmasını, bu hücrelerle ilişkilendirdi: 'İnsanlar, başkasının deneyimlediğini hissetmesini sağlayan 'ayna-nöronlara sahip.'"

Grayling'e göre, "Ayna-nöronlar diğer insanların hareketlerinin arkasındaki niyeti anlamımıza yardım ederek, önemli bir rol oynuyor. Diğer insanların hareketlerini taklit

Bir Demet Başak Gibi

Michael Laitman

ettiğimizde, bu hücreler bize onların niyetlerinin anlık simülasyonunu –yüksek derecede etkili empati kurma- sağlıyor."

Ayna-nöronlarla ilgili az da olsa muhalif teoriler söz konusu olsa da, şu açıktır ki, bedenlerimiz başkalarıyla iletişim kurmak için beynimizin bazı kısımlarını kullanıyor. Bu bağlamda, fiziksel olarak hiç temasımız olmasa bile başkalarıyla fiziksel olarak bağ kuruyoruz. Bir bakıma bu hücreler, Christakis ve Fowler'in sözleri geçerli kılıyor: "21.yüzyılın en büyük projesi -tüm insanlığın, parçaların toplamından daha önemli olduğunun anlayışı- şimdi başlıyor. Uyanan bir çocuk gibi insan süper-organizması bilinçleniyor ve bu hiç şüphesiz amacımızı gerçekleştirmemizde hepimize yardımcı olacak."

Michael Laitman

Bir Demet Başak Gibi

KÜRESEL ANLAMDA BAĞ KURMAK

Bir an için ortak atamız İbrahim'in, Babil'den çıktıktan sonra grup olarak karşılıklı sorumluluk ilkesi içinde hareket eden bir toplum oluşturmasına tekrar dönelim. İbrahim bağı, birliği destekleyen ve Yaradan'ı ihsan etme niteliğinin edinimi için bu niteliklere tutunan sosyal bir çevre yarattı. Ancak tüm dünyaya bu şekilde hareket etmeyi öğretemeyeceğimizden, dünyaya bir örnek sunmalıyız ve dünya empati kurma yeteneğimiz ya da Dr Herrero'nun söylediği gibi "taklit etme ve etki" sebebiyle bizi takip edecektir. Herşeyden evvel, insanlar iyi bir fikirle karşılaştığında doğal olarak onu kucaklar.

Dolayısıyla, insanlar Yahudilerin iyi olacak bir şeye sahip olduğunu ve bunu paylaşmaya hazır olduğunu gördüklerinde, sadece desteklemeyecekler aynı zamanda bize katılacaklardır da. Giriş bölümünde belirttiğimiz gibi, bu İbrahim'in Babil'den Kenan topraklarına ilerlerken, etrafına her dakika daha fazla insan toplayarak binlerce sayıya ulaşmasıyla ilgilidir.

ETKİNİN DÖRT UNSURU

Özgürlük makalesinde Baal HaSulam insan psikolojisinin yapısını ve değişimi başarabilmek için neye odaklanmamız gerektiğini geniş bir şekilde inceler. Çevre ve kalıtım arasındaki etkileşimin analizi vasıtasıyla, Aşlag bizi biz yapan dört unsuru açıklar:

1. Genler
2. Genlerimizin yaşam süresince açığa çıkması.
3. Aile ve arkadaşlar gibi yakın (direkt) çevremiz.
4. Medya, ekonomi ya da arkadaşın arkadaşı gibi endirekt çevre.

Bir Demet Başak Gibi

Michael Laitman

Ebeveynlerimizi seçemediğimizden, gen havuzumuzu kontrol edemeyiz. Fakat genlerimiz yetişkin olduğumuzda ortaya çıkan "gerçek bizi" değil, "potansiyel bizi" yansıtır. Gerçek "biz" bu dört unsurdan oluşur. Dahası, son ikisi – çevreyle ilgili olan- çevreye uymamız için genlerimizi etkiler ve değiştirir.

Çevrenin genlerimizi nasıl değiştirdiğiyle ilgili olarak, Californiya Üniversitesinden Swanne Gordon'un, Günlük Bilim dergisinde yayınlanan "Evrim On Yıldan Az Bir Sürede Gerçekleşir" başlıklı makalesindeki şu harika örneği inceleyelim: "Gordon ve meslektaşları, gupileri (küçük, parlak renkli tatlı su balıkları) incelediler. ...Grupileri, Damier Nehrinin bariyer görevi gören şelalesinin üst kısmında tüm predatörleri (avcı balık) dışarıda bırakan bölgeye bıraktılar. Grupiler, aynı zamanda predatörlerin yaşadığı şelalenin aşağı kısmındaki akıntı bölgesinde de kolonileşmişti. Sekiz yıl sonra, araştırmacılar, düşük-predatör çevrede yaşayan grupilerin her bir üreme döneminde daha büyük ve daha az yavrulayarak yeni çevrelerine adapte olduklarını gördüler. Böyle bir adaptasyon yüksek-predatör çevrede kolonileşen grupilerde görülmedi. ... Gordon şöyle açıkladı, 'Yüksek-predatör dişiler, üremek için farklı kaynaklar keşfetti çünkü avcı balıkların yarattığı yüksek ölüm oranı sebebiyle, bu dişilerin üreme için başka bir şansı yoktu.' 'Diğer yandan düşük-predatör dişiler daha büyük embriyo ürettiler, bu büyük yavrular, düşük-predatör bölgelere özgü kısıtlı kaynak sebebiyle çevrelerinde daha rekabetçi hale geldiler. Dahası düşük-predatör dişiler, sadece büyük embriyoya sahip oldukları için değil aynı zamanda üremeleri için daha az kaynak bulabildikleri için daha az embriyo ürettiler.'"

Sağlık uzmanı Dr. Lars Olov Bygren, genlerin çevresel faktörlerle nasıl değiştiğinin çarpıcı bir örneğini ortaya koydu. Time Dergisinden John Cloud, aşırı bolluk ve kıtlık dönemlerinin, izole İsveç köyü Norrbotten'in sakinleri üzerindeki etkisini inceleyen Dr. Bygren'in araştırmasını konu etti. Dr. Bygren, sadece buna maruz kalmış insanlarda beslenme salınımlarının etkilerini değil aynı zamanda bu etkinin hamilelikten önce başlayıp başlamadığını da inceledi: "Ebeveynlerin erken yaşam dönemindeki deneyimleri, bir şekilde çocuklarına geçirdikleri özellikleri değiştirmiş olabilir mi?" John Cloud, "Bu tüm inandıklarımıza ters bir durum" diye yazar. "Herşeyden evvel biyolojiyle uzun zamandır ilgileniyoruz: Yaşamlarımız boyunca yaptığımız seçimler yakın zamandaki hafızamızı bozabilir ya da bizi şişmanlatabilir ya da ölümü yaklaştırabilir fakat genlerimizi değiştirmez –gerçek DNA'mızı. Oysa yukarıdaki bilgiler ışığında bu demektir ki, çocuklarımız olduğunda genetik haritamız silinmiş olabilir.

"Dahası türlerin doğası (genler) üzerinde çevrenin etkisi bu kadar çabuk olmamalı. Charles Darwin Türlerin Kökeni kitabında... bize çevresel değişimlerin ve doğal seleksiyonun birçok nesil boyunca milyonlarca yıl sürdüğünü öğretti. Fakat Bygren ve diğer Bilim insanları, güçlü çevresel koşulların etkisinin tarihsel delillerini, bir araya getirdi... bu etkiler bir şekilde yumurtaların ve spermlerin genetik yapısında iz bırakıyor. Bu genetik izler evrim dönemlerini kısaltıyor ve yeni özellikleri tek bir nesle geçirebiliyor."

Baal HaSulam'ın Özgürlük makalesine tekrar dönecek olursak, Dr. Bygren'in bulduğu kavramlara benzer kavramları göreceksiniz. "Çevre Faktörü" adlı bölümde şöyle yazar: "Bu bir gerçektir ki, arzu özgür değildir. Daha ziyade yukarıda bahsettiğimiz dört unsurla hareket eder. Kişi, değişimin ya da eleştirinin gücünü yadsıyarak, çevrenin aşıladığı gibi düşünmeye ve sorgulamaya zorlanmıştır."

Sonraki "İyi Bir Çevre Seçme Gerekliliği" bölümünde Baal HaSulam şunu ilave eder, "Gördüğümüz gibi, bu oldukça basittir ve her birimiz tarafından iyi anlaşılmalıdır. Herkes

Bir Demet Başak Gibi

Michael Laitman

kendi kaynağına sahip olmasına rağmen, güçler sadece içinde bulunduğu çevre yoluyla açığa çıkar."

Bu belirleyici olarak görülebilir çünkü eğer tamamen çevremiz tarafından idare ediliyorsak, bu özgür seçimimizin olmadığının göstergesidir. Baal HaSulam çevremizi dikkatlice seçmemiz gerektiğini yazar: "İyi şeylere sebep olacak bir çevre seçme özgürlüğüne sahibiz. Eğer kişi bunu yapmazsa ve karşına çıkan bir çevreye isteyerek dahil olursa, kötü bir çevrenin içine girebilir.... Sonuç olarak kişi yanlış kavramlara zorlanabilir... Böyle bir insan, seçme özgürlüğü olmayan kötü eğilimler ve düşünceler için değil fakat iyi bir çevrede olmayı seçmediği için kesinlikle cezalandırılır. Dolayısıyla, kim daha iyi bir çevre seçmek için uğraşırsa, o ödüle ve övgüye layıktır. Fakat burada kişi, iyi düşünceleri ve amellerinden dolayı değil, ona iyi düşünceler getiren iyi bir çevre edinme çabası nedeniyle ödüllendirilir."

Dolayısıyla görüyoruz ki, potansiyel olarak iyi olduğumuz kadar, kötüyüz de. Bu iki zıt güç ya da ikisinin karışımı arasında nasıl hareket edeceğimizin seçimi, o yolu ya da bu yolu seçimimize bağlı değil, içinde bulunduğumuz sosyal çevre ve bu çevre içinde kendimizi nasıl konumlandırdığımıza bağlıdır.

Ebeveynler olarak, içgüdüsel olarak çocuklarımızı çevredeki ve okuldaki kötü çocuklardan uzak durması için uyarırız. Dolayısıyla deyim yerindeyse çevrenin etkisinin farkındalığı aile genlerimizden bize mirastır. Şimdi bu farkındalığı genişletmek ve çocuklarımızın doğru çocuklarla arkadaş olduğunu görmemizin yeterli olmadığını anlamak zorundayız. Şimdi hem kendimiz hem de çocuklarımız için yeni bir düşünce yapısı oluşturmak zorundayız. Karşılıklı sorumluluğun, ilginin, dayanışmanın önderlik ettiği, dostluğun ışık tuttuğu bir yapı kurmalıyız.

Michael Laitman

Bir Demet Başak Gibi

Diğer bir deyişle Akiva'nın ünlü deyişi "Dostunu kendin gibi sev", toplumumuz için yeni yaşam biçimi olmalıdır. Bu sosyal yapı halkımızın DNA'sında mevcuttur, dünyaya sunduğumuz bir hediye ve dünyanın bilinçsizce de olsa bizden beklediği şeydir.

Art arda gelen ve birbirine karışan küresel krizler çağında, dünya çaresizce bir yaşam haritasına, bir umut ışığına ihtiyaç duyuyor. Biz Yahudiler karşılıklı sorumluluk dediğimiz bu umudu dünyaya sunacak olan tek ulusuz. Gelecek bölümde karşılıklı sorumluluk ilkesinin temel prensiplerinin altını çizeceğiz.

BÖLÜM 10

ENTEGRE BİR DÜNYADA YAŞAMAK

Michael Laitman

Bir Demet Başak Gibi

Entegre Bir Dünya, Entegre Bir Eğitim Gerektirir

Bir önceki bölümde Baal HaSulam'ın Özgürlük adlı makalesinden alıntı yaparak sosyal çevremizin dikte ettirdiği şekilde düşünmeye ve hareket etmeye zorlandığımızı ve bunu değiştirmek için gücümüzün olmadığını öğrendik. Baal HaSulam, önceden belirlenmiş kaderden kaçınmak için, çevremizi değiştirebileceğimizi bunun karşılığında da kendimizi ve kaderimizi değiştirebileceğini belirtir. Şöyle yazar: "Sadece iyi düşünceleri ve eylemleri olduğu için değil, fakat ona iyi düşünceler getirecek olan iyi bir çevre edinmek için gösterdiği çaba nedeniyle, kişi övgüye ve ödüle layıktır."

Bunu daha modern anlamda yorumlarsak, yaşamlarımızı ve çocuklarımızın yaşamlarını daha olumlu yönde değiştirmek için hayatımıza sokmak istediğimiz olumlu şeyleri öne çıkaran sosyal değerleri geliştirmeliyiz. Kendimizi, çocuklarımızı ve toplumu karşılıklı sorumluluk, birlik ve bağlılık bilincine doğru eğitmeliyiz. Kitap boyunca belirttiğimiz gibi, bu biz Yahudilerin görevidir.

Bu amacı gerçekleştirmek için yeni eğitim araçları geliştirmeliyiz. Tek yapmamız gereken kullanmakta olduğumuz araçları -medya, internet, eğitim sistemi, sosyal ve aile bağları- değiştirerek, ayrılık ve yabancılaşmanın yerine karşılıklı sorumluluk ve dostluk değerlerini aşılamaktır.

Birlik, dostluk, hepsinden önemlisi karşılıklı sorumluluk değerlerini onlara aşılamak ve hediyemiz olarak bunu dünyaya sunmak bizim görevimizdir. Bu kitapta defalarca tekrarlandığı gibi, bizi eşsiz kılan birlik, Yahudi halkının dünyanın geri kalanına hediyesidir. Dünyanın bugün ihtiyacı olan şey bu niteliktir ve bunu içimizde büyütmeye ve dünyaya iletmeye mecburuz.

Karşılıklı sorumluluğu ve ihsan etme niteliğini aktarmanın iki yolu var. İlki, kalpteki noktaya sahip olanlara yönelik

143

Bir Demet Başak Gibi

Michael Laitman

daha önce belirttiğimiz, Kabala çalışmasıdır. Kişinin ilgi seviyesine göre, televizyon programlarını izlemekten, yoğun bir şekilde grup ve hocayla çalışmaya kadar, farklı yoğunluk derecelerinde yapılabilir. Diğer bir metot da karşılıklı sorumluluk ve bağlılığa yol açacak, birlik-merkezli eğitimdir. Her iki metodu da inceleyeceğiz.

Michael Laitman

Bir Demet Başak Gibi

KALPTEKİ NOKTANIN YOLU

Bazılarımız için birlik yolu oldukça basittir. Önceki paragraflarda, hayatın anlamını, dünyanın dönmesini sağlayan şeyi, Âdem'i, İbrahim'i, İshak'ı, Yakup'u, Musa'yı ve kötü eğilimi iyiliğe çevirecek ıslah metodunu geliştirmek için Babil'den kaçan halkı etkileyen arzudan, "kalpteki noktadan" söz etmiştik. Bu noktaya sahip olanlar, Yaradan'ı, ihsan etme niteliğini edinmenin aracı olan, Kabalistlerin bize bıraktığı metinleri çalışabilir ve bu çalışmayla derin bir seviyede nasıl birlik olacağımızı ve bu birliği dünyaya nasıl geçireceğimizi öğrenebilir.

Bugün bu amacı gerçekleştirmek için en uygun metinler, Baal HaSulam'ın Zohar Kitabı, ARİ'nin tercihen Baal HaSulam'ın önsözüyle yazılmış yazıları, yine Baal HaSulam'ın On Sefirot kitabı ve onun Baal HaSulam'ın Yazıları olarak yayımlanan diğer yazılarıdır. Bu metinlerin ulaşılabilir olması için internet sitemizde ücretsiz olarak otantik Kabala metinlerinden oluşan ve pek çok dile çevrilen bir kütüphane kurduk.

Orijinal İbrani metinleri ve çevirileri www.kabala.info. tr sitesinde -Hepimiz için Zohar başlığı altında Zohar Kitabı ve Baal HaSulam'ın önsözüyle Raşbi'nin yazıları- bulunabilir.

Ayrıca yukarıda bahsedilen internet adresinde, Baal HaSulam'ın ilk oğlu ve varisi hocam Baruh Şalom Aşlag'ın (Rabaş) yazıları da bulunmaktadır. Öğrencilerine birlik içinde olmayı öğreten tüm makaleleri, Rabaş'ın Sosyal Yazıları adlı kitapta İngilizce olarak yayımlanmış olup Türkçe'ye çevrilmektedir. Bu metinleri kitap şeklinde edinmek isteyenler www.kabbalahbooks.info veya diğer kitap satış sitelerininden temin edebilirler.

Ayrıca deneyimli öğrenciler, Kabala'nın temellerini, bunu günlük hayatımıza nasıl uyarlayacağımızı ve yaşam amacını

145

Bir Demet Başak Gibi

Michael Laitman

edinmek için kişisel gelişimi öğreten bir Eğitim Merkezi kurdular. Daha ileri seviyedeki öğrenciler için, www.kab.tv.com sitesinde her gün üç saat İngilizce, İspanyolca, Fransızca, Rusça, Almanca ve Türkçe çevirilerle canlı yayında ders veriyorum. Bu derslerde deneyimli hocam Rabaş'dan edindiğim öğretme metotlarını izleyerek, mümkün olduğunca çabuk ve kolay bir şekilde öğrencilerimi geliştirmeye çabalıyorum.

Son birkaç yıldır, JLTV ve Şalom TV gibi Amerikan televizyon kanallarında, özellikle hafta sonları yayın yapıyoruz. Doğal olarak bunlar zorlu Kabala çalışmaları değil, daha ziyade çalışmanın neyle ilgili olduğunu görmek isteyenler için önemli bir kaynak.

Michael Laitman

İNTEGRAL, BİRLİĞE YÖNELİK EĞİTİM

Kabala çalışmak birliği edinmenin en harika yoludur. Özellikle bu amaç için oluşturulmuş bir metottur. Ancak, çoğu insanın cevaplar bekleyen kalpteki noktası yoktur. Bu sebeple çoğu insan bu çalışmalarla uğraşmak istemez. Ama yine de birbirine bağlı bir toplum oluşturmak, kişiyle, Yahudilikle ya da herhangi bir ülkeyle bağlantılı olmayan, küresel bir ihtiyaçtır.

Sürdürülebilirlik ve iş stratejisi uzmanı Dave Sherman, şimdiki küresel açmazı, Dönüm Noktası: Yeni Dünya Görüşünün Sancıları filminde tanımladı: "Dünya Ekonomik Forumunun yayınladığı sonuncu Küresel Riskler Raporu, birbirine bağlı dünyanın haritasının şaşırtıcı risklerini ortaya koydu. Küresel risklerin nasıl birbiriyle ilişkili ve içi içe geçmiş olduğunu ve ekonomik, ekolojik, jeopolitik, sosyal ve teknolojik risklerin nasıl birbirine bağlı olduğunu gösterdi. Bir alandaki kriz derhal başka bir alandaki krize yol açıyor. Bu haritadaki bağ ve karmaşıklık şaşırtıcı bir şekilde, kurduğumuz tüm sistemler arasında varolan ahenksizliği açığa çıkararak, yakın zamandaki finansal krizin hızının ve etkisinin buna bağlı olduğunu ve birbirimizden nasıl kopuk olduğumuzu gösteriyor. Bu sistemleri yönetme girişimlerimiz dağılmıştır ve bugün yüz yüze kaldığımız zorlukları çözmek için yeterli değildir."

İnşa ettiğimiz bağ ve ayrılık arasındaki zıtlığın üzerine gitmek için birbirine bağlı bir düşünme biçimi, kucaklayıcı bir anlayış geliştirmeliyiz. Daha önce bahsettiğimiz integral, birlik-merkezli eğitim, tam da bu noktayı hedef alır.

Massachusetts Üniversitesi Eğitim Bölümünden Thomas J.Murray'ye göre, "İntegral terimi birçok insan için birçok anlam taşıyor ve elbette aynı şey İntegral Eğitim için de geçerli." Wikipedyanın açıkladığına göre İntegral Eğitimin ortak tanımı şu: "Bir çocuğun bütün olarak; bedensel,

Bir Demet Başak Gibi — Michael Laitman

duygusal, akılsal, ruhsal olarak eğitilmesi çalışması ve felsefesi."

Çocukla ilgili eğitim süreci kesinlikle övülmeye değerdir. Ancak, bugünün birbirine bağlı dünyasında, bu yeterli değildir. Bir önceki bölümde gösterdiğimiz gibi, ağırlıklı olarak çevremizden öğreniyoruz. Dolayısıyla, eğitimin odağı seçmiş olduğumuz değerleri ve bilgileri çocuklara ve yetişkinlere aşılayan bir çevre oluşturmaktır.

Michael Laitman

Bir Demet Başak Gibi

YETİŞKİN OKULU: KAFASI KARIŞIK OLANLAR İÇİN BİR REHBER

Doğa'nın konuşan seviyesinin yanı sıra, tüm seviyeler cansız, bitkisel ve hayvansal, karşılıklı sorumluluk ilkesi içinde hareket eder. Webster Sözlüğünde tanımlandığı gibi, Homeostazi (özdenge) terimi konuşan seviyenin altındaki seviyelerdeki karşılıklı sorumluluk tanımına mükemmel bir biçimde uyar: "Farklı fakat birbirine bağlı organizmaların ya da bir grubun elementleri arasında böyle bir aşamaya olan eğilimin ya da denge kurma arzusunun kısmen sabit bir aşaması."

Şimdiki kapitalist toplumlar, ahenkten uzak durarak, ona doğru eğilimle alay ediyor ve birbirine bağımlı olmaktan korkuyor. Oysa biz bunun tersini destekliyor ve mücadelesini veriyoruz. Sporda, iş dünyasında, politikada ve eğitimde bireysel başarıları övüyoruz ve tepede olanları ilahlaştırıyoruz. Kolektifin iyiliğine katkıda bulunanları göz ardı ediyor, bireyselliği ve bağımsızlığı değerli tutuyoruz.

Fakat bu şekilde hareket eden bir toplum uzun ömürlü olmaz. İnsan bedenini düşünün. Eğer bedenlerimiz toplumda baskın olan değerler tarafından yönetilseydi, embriyo aşamasındaki ilk hücre değişimini geçmeyi başaramazdık. Hücreler organları oluşturmaya başlar başlamaz, kaynak için birbirleriyle savaşacak ve embriyo bölünmeye başlayacaktı. Eğer hücrelerin herhangi bir parçası bireysel değerleri benimsemiş olsaydı yaşam mümkün olmazdı. Bu böyledir çünkü yaşam, yani Doğa yaşamımızı sürdüren homeostazi yasalarına bağlı kalır ve Doğa'yı, varlık amacımızı anlamaya çalıştığımız noktaya doğru evrimleşir.

Aslında sadece organizmalar değil, bütün yeryüzü ekosistemi, evren bile homeostazi aşamasındadır. Denge bozulduğunda, sorunlar baş gösterir. Ekim 2003'te Amerika Birleşik Devletleri Eğitim Bakanlığı şaşırtıcı ve eğlenceli bir

Bir Demet Başak Gibi

Michael Laitman

rapor sundu. Irene Sanders ve Judith McCabe, ekosistemi homeostazi aşamasından çıkardığımızda neler olacağını gösterdi. "1991'de bir orkanın (katil balina) susamurunu yediği görüldü. Orkalar ve susamurları genellikle barış içinde yaşar. Öyleyse, ne oldu? Çevrebilimciler, okyanus levreği ve ringa balığının da soyunun tükenmekte olduğunu gördüler. Orkalar bu balıkları yemez ama foklar ve denizaslanları yer. Diğer taraftan çoğunlukla fokları ve denizaslanlarını yiyen orkaların da nüfusunun azaldığı görüldü. Fok ve denizaslanlarından mahrum bırakılmış orkalar akşam yemeği için oyuncu susamurlarına yönelmişti.

"Böylece asla yemedikleri balıkların soyu tükenince susamurlarının da nesli tükendi. Şimdi bu dalga yayılıyor. Susamurları artık olmadıkları için denizkestanesi çoğalıyor, bu nedenle deniz tabanındaki yosun ormanlarında yaşayan denizkestaneleri yosunları öldürüyor. Yosunlar martıları ve kartalları besleyen balıklara ev sahipliği yapıyor. Orkalar gibi deniz martıları farklı yiyecekler buluyor, fakat kelaynaklar bulamıyor ve zorluk çekiyor.

"Tüm bunlar okyanus levreğinin ve ringa balığının soyunun tükenmesiyle oluyor. Neden? Japon balıkçılar kömür balığını da besleyen mikroskobik organizmaları yiyen değişik türdeki balinaları öldürüyor. Yiyecek çok balığı olan kömür balıkları çoğalıyor ve karşılığında denizaslanlarını ve fokları besleyen levreğe ve ringa balığına saldırıyor. Denizaslanlarının ve fokların soylarının tükenmesiyle orkalar susamurlarına yöneliyor."

Birbirimize karşı davranış biçimimizi düşünün. Bizler rekabetçi, yabancılaşmış, birbirinden izole olmuş ve daima başkalarından daha iyi olmayı arzulayan bir dünyada yaşıyoruz. Şunu unutmayalım ki bu bir istisna değil, çocuklarımıza "doğru" olarak öğrettiğimiz değerlerin bir örneğidir. Bu nedenle yetişkin okulu "kafası karışmış" yetişkinler için gereklidir.

Michael Laitman

Bir Demet Başak Gibi

Okulun işleyiş şekli ülkeden ülkeye değişiklik gösterebilir. Her ulus ve ülkenin kendi anlayışı ve kültürü, farklı bir teknolojik gelişim seviyesi, farklı iletişim araçları ve gelenekleri vardır. Bu sebeple her ülke, bazen her şehir kendi metodunu geliştirmek zorundadır. Ancak, temel içerik olarak tüm bu eğitim sistemi aynı prensipleri öğretmelidir. Aksi halde karşılıklı sorumluluğu üstlenme herkes için farklı olur.

Şimdi karşılıklı sorumluluk eğitiminin temel prensiplerinden bazılarını inceleyelim.

- **Toplum Yanlısı Medya**

Baal HaSulam'ın Yazıları kitabında Aşlag şunu belirtir: "Tüm hayal edilen hazların en büyüğü, insanlar tarafından ilgi görmektir. Bu harika şeyden bir miktar elde etmek için kişinin tüm enerjisini ve bedensel hazlarını harcaması çok değerlidir. Bu tüm nesillerin en büyüklerini kendine çeken ve bedenlerinin yaşamını değersiz kılan bir mıknatıstır."

Dolayısıyla, sosyal davranışlarımızı değiştirmek için, içinde bulunduğumuz çevreyi, bireyselliği öne çıkaran çevreden, karşılıklılığı öne çıkaran çevreye doğru değiştirmeliyiz. Açık söylemek gerekirse medyayı, grup çalışmasının bireysel çalışmadan daha iyi sonuçlar çıkardığını göstermesi ve rekabetin kişinin sağlığına ve mutluluğuna zarar verdiğini göstermek için kullanabiliriz. İşbirliği içinde olmanın bireysellikten daha büyük bir ödül olduğunu anladığımızda, paylaşmak ve işbirliği yapmak daha kolay olacaktır.

Yazar Jon R. Katzenbach ve Douglas K. Smith, Takımların Erdemliği: Yüksek Performanslı Bir Organizasyon Yaratmak adlı kitaplarında, takım çalışmasının avantajlarını ortaya çıkaran bir başarı öyküsü anlatıyorlar.

Bir Demet Başak Gibi

Michael Laitman

Kuzey Burlington Demiryolu, başarılı bir nakliye şirketi ve yatırımcı Warren Buffet tarafından kontrol edilen Berkshire Hataway'in sahip olduğu büyük şirketin bir parçasıdır. 1981'de Burlington Kuzey Demiryolu, Amerikan demiryolu endüstrisinin liberalleşmesinden yararlanarak, sevkiyatı hızlandırmak ve maliyetleri azaltmak için bir araya gelen yedi kişi tarafından revize edildi. Katzenbach ve Smith bu yenilemenin ruhunu şöyle tanımlıyor: "Tüm takımlar ortak amaç için aynı sorumluluğu paylaşıyor. Birbirine derinden bağlı, hepsi ayrı bir değer olan takım üyeleri bir arada çalışıyor. Bu yedi adam başarmaya çalıştıkları şeye kendilerini derinden adayarak birbirleri için sorumluluk aldılar. Hepsi birbirinin iyiliğini düşündü ve ne zaman ihtiyaç olsa bir diğerine destek verdi ve sürekli çalışarak yapmaları gerekeni yaptılar."

Böyle bir hikâye rekabetin yerine birliğe önem verilmesi açısından güçlü bir model olabilir. Tek sorun şu ki, ultra-rekabetçi dünyamızda birlik, bunu kişisel avantaj elde etmek için kullanan gruplarda denenebilir (ya da amacın dışında kullanılabilir). Bugünün birbirine bağlı dünyasında bu çeşit bir birlik sürdürülemez.

Ben-merkezci toplumumuzda, birlik sadece bireysellik için kazançlı olduğu sürece sürer. "Ben'den, Biz'e, Biz'den, Bir'e" adlı bölümde rekabetin kötü etkilerini tanımlamıştık. Aynı zamanda biliyoruz ki, şimdiki insan doğası bilgisiyle rekabetçi ve ayrılıkçı tutumdan kaçamayız çünkü bu içimizden geliyor, bu dördüncü seviyenin, arzunun konuşan seviyesinin bir yaptırımıdır ve bizler arzuların evrimini durduramıyoruz.

Ancak daha önce söylediğimiz gibi, gelişimimizi geciktirmeden sadece hepimiz için daha yapıcı olan bir yöne doğru çevirmeliyiz. Bunu başarmak için en iyi araç kitle iletişim aracı medyadır. Toplum yanlısı bir medya geliştirirsek ve kendimizi banka hesaplarımızı tüketen

Michael Laitman

Bir Demet Başak Gibi

reklamlarla bombardıman ettiğimiz gibi, bu değerlerle doldurursak, şimdikinden daha farklı bir yaşama sahip oluruz.

Bugünün medya ortamı büyük oranda ya televizyon ya da internet aracılığıyla eğlence ağırlıklıdır. Amerika Eğitim Bakanlığının "Medya Rehberi-Ergenlikte Çocuklarınıza Yardım" adlı raporunda şöyle yazıyor, "Ergenlerin dünyasını, medyanın hayatlarındaki büyük etkisini görmeden anlamak mümkün değildir. Medya gençlerin değerlerini ve tutumlarını şekillendirme becerisine sahip toplumla, ailelerle, arkadaşla ve okullarla rekabet etmektedir." Ne yazık ki, medyanın şekillendirdiği ilgi alanları anti-sosyaldir.

Örneğin Michigan Üniversitesi Sağlık Bölümü yayınında şu belirtilmiştir, "1950'den beri yapılan binlerce çalışmada medya şiddetiyle, şiddet içerikli davranış arasında bir bağlantı olup olmadığı soruldu. Buna cevap evetti. Yoğun araştırmalar göstermiştir ki, medya şiddeti, agresif davranışlar, şiddete duyarsızlık, kabuslar ve zarar görme korkusuna katkı sağlamaktadır."

Genç beyinlerin şiddeti ne kadar benimsediğini anlamak için, yukarıda bahsettiğimiz yayından bir bilgi aktaralım: "Ortalama bir Amerikalı çocuk 18 yaşına gelmeden televizyonda 200.000 şiddet vakası ve 16.000 cinayet görüntüsüne tanık olacak." Eğer bu sayı ürkütmüyorsa, o zaman bunu şöyle açalım: On sekiz yılda 6570 gün olduğunu hatırlayın. Bu demektir ki, on sekiz yaşındaki bir çocuk, yaşamının her gününde otuz şiddet eylemi ve 2,4 cinayet haberine maruz kalacak.

2008 yılında yayınlanan Yaşam Boyu Gelişim: Psiko-Sosyal Bir Yaklaşım adlı kitapta Barbara M. Newman ve Philip R. Newman şöyle diyor: "Saatlerce televizyon şiddetine maruz kalmak, genç çocukların şiddet davranışları repertuarını ve öfke hissini arttırıp, düşüncelerini ve davranışlarını etkiliyor.

153

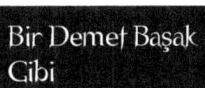

Bir Demet Başak Gibi

Michael Laitman

Bu çocuklar seyrettikleri durumun içine girerek şiddet fantezisine kendini kaptırmış durumda." Ayna-nöronları hatırlayacak ve bizim özellikle de çocukların taklit ederek öğrendiğini düşünecek olursak, şiddeti seyretmenin onlara nasıl zarar verdiğini sadece tahmin edebiliriz ve şimdilerde bu kötü-eğitimin etkilerini hissediyoruz.

Dolayısıyla toplum ve karşılıklı sorumluluk yanlısı bir medya oluşturmak, yaşamımızı sürdürmemiz için bir zorunluluktur. Yabancılaşmadan, dostluğa doğru sosyal atmosferi değiştirmede, medya anahtar rol üstlenmelidir. Medya dünyada bilmek istediğimiz herşeyi bize sağlar. Arkadaşlarımızdan ve ailemizden aldığımız bilgi bile, modern fısıltı gazetesi medya aracılığıyla gelir.

Fakat medya bize sadece bilgi vermez. Aynı zamanda beğendiğimiz ya da beğenmediğimiz insanlarla ilgili de bilgi sağlar ve bizler gördüğümüz, duyduğumuz ya da okuduğumuz şeylere dayanarak fikirlerimizi belirleriz. Medyanın halkın üzerindeki gücü alternatifsiz olduğundan, eğer medya birlik olmaya yönelik değişirse, birçok insan bu değerlere doğru yönelmiş olur.

Şimdilerde medya başarılı insanlara, medya patronlarına, mega pop yıldızlarına ve rakiplerinin sırtından milyonlar kazanmış ultra başarılı bireylere odaklanıyor. Kriz zamanlarında, örneğin Sandy Kasırgası ya da büyük seller sırasında insanlar birbirine yardım etmek için birleşiyor. Böyle zamanlarda medyanın sürekli olarak yayınladığı bu hikâyeler moralimizi yükseltiyor ve insan özünün o kadar da kötü olmadığı umunu veriyor. Ne yazık ki, bir sonraki haber ortaya çıktığında medya insan özü inancını bir kenara bırakıp, o haberi kovalamaya başlıyor, kuşku ve yabancılaşma prime-time'da yerini alıyor.

Dünya görüşümüzde sürekli olacak temel bir değişimi yerleştirmek, ihsan etme niteliğini arzulamak için medya

154

Michael Laitman

Bir Demet Başak Gibi

realitenin tam bir resmini sunmalı ve onun birbirine bağlı yapısını bize göstermelidir. Bunun için bu niteliğin Doğa'nın tüm seviyelerini nasıl etkilediğini gösteren programlar hazırlamalı ve insanları Doğa'nın nitelikleri olan verme, karşılıklılık ve homeostazi ile eşit hale getirmek için özendirmeye çalışmalıdır. Başarılı olmuş insanları putlaştıran söyleşi programları yerine başkalarına yardım etmiş insanların başarısını ödüllendirmelidir.

Eğer medya programları birbiriyle ilgilenen insanları gösterir ve onları Doğa'nın yasaları, İhsan Etme yasasıyla uyumlu eylemleri sebebiyle öncelikli yaparsa, dereceli olarak halkın ben-merkezci davranışlarından dostluğa doğru değişmesini sağlayabilir. İnsanlar büyük olasılıkla bencil olmamaktan daha fazla kazanım elde edeceklerini ve bunun kişisel kazancını hissetmeye başlar.

Bugün, medyanın bize vermek zorunda olduğu en önemli mesaj şu olmalıdır, "Birlik eğlencelidir ve sizin için iyidir; ona katılın!" Medyanın, birliğin bize bir hediye olduğunu göstermek için çok çeşitli yolu var.

Bilim insanları Doğa'da hiçbir sistemin izole bir şekilde işlemediğini ve oyunun adının birbirine bağlılık olduğunu artık biliyor ama çoğumuz bunun farkında değiliz. Her bir organın tüm bedenin yararı için çalıştığını, arıların işbirliği yaptığını, ahenk ve birlik içinde yüzen bir grup küçük balığın dev balıkların dikkatini dağıttığını ve şempanzelerin diğer şempanzelere yardım ettiğini ya da karşılığında hiçbir ödül olmadan insanların birbirine yardım ettiğini gördüğümüzde, Doğa'nın ilk yasasının uyum ve beraberlik olduğunu anlayacağız.

Medya bu tip örnekleri daha fazla göstermelidir. Doğa'nın bu şekilde işlediğini idrak ettiğimizde, spontane olarak toplumlarımızı mercek altına yatırıp ve bu ahengi aramızda oluşturmayı arzulayacağız. Eğer düşüncelerimiz bu yönde

155

Bir Demet Başak Gibi

Michael Laitman

değişirse farklı bir atmosfer oluşacak ve bu atmosfer Yaradan'ın, Doğa'nın, yaşam gücüyle uyumlu olduğundan hepimize umut aşılayıp, hayatımıza güç verecek.

En büyük hazzımız insanların ilgisini kazanmaktır, eğer başkaları eylemlerimizi takdir ederse, kendimizi iyi hissederiz. Eğer söylediğimiz ya da yaptığımız şeyi onaylamazlarsa, kötü hisseder ve kendimizi saklamaya ya da davranışlarımızı sosyal modellere uydurmaya çalışırız. Başka bir deyişle, iyi hissetmek bizim için önemli olduğundan, medya insanların fikirlerini ve eylemlerini değiştirmede eşsiz bir role sahiptir.

Politikacıların kariyerleri ve yaşamları popülaritelerine bağlı olduğundan, toplumda en fazla ilgi bağımlısı olan insan onlardır. Değerlerimizi değiştirdiğimizi onlara gösterirsek, onlarda bizi izlemek için değişirler. Onlara neye değer verdiğimizi söylemenin en kolay ve etkili yolu, televizyonda ne seyretmek istediğimizi onlara göstermektir! Birliği öven programlar, yüksek izlenme oranı aldığında politikacılar bu ruha tutunacak ve buna göre hareket edecektir. Politikacılar koltuklarını bırakmak istemediklerinden, onlara pozisyonlarını korumak için birliği yüceltmelerini tavsiye edebiliriz.

Ünlü kişilerin yüceltilmesi yerine birliği ve işbirliğini yücelten bir medya yaratabilirsek, birliğin ve karşılıklı sorumluluğun iyi olduğuna bize inandıran bir çevre inşa edebiliriz.

- **Birliğin Anahtarı**

Herkesin birbirinden sorumlu olduğu birlik içinde bir toplum yaratmak için insanların birkaç kuralı benimsemesi gerekir.

1) Besin ve diğer ihtiyaçlar: Öncelikli olarak insanlar yeteri kadar beslenebilmelidir. Çocuklarını ve kendilerini besleme güvencesi olmadan, insanlar kendini toplumun bir

Michael Laitman

Bir Demet Başak Gibi

parçası olarak hissedemez çünkü sürekli olarak yiyecek için savaşırlar (fiziksel olarak değil, zihinsel olarak).

Ayrıca, insanların sağlık hizmeti, barınma, giyim ve eğitimle ilgili yeterli destek alması bir zorunluluktur. Tüm bunlar her bölgenin ortalama yaşam standardına göre çeşitlilik gösterebilir, fakat temel ihtiyaçların tüm toplum üyeleri ve insanların onurunu koruyacak şekilde temin edilmesi sağlanmalıdır.

Temel ihtiyaçların sağlanmanın karşılığında, toplumun her üyesinin, dünyamızın birbirine bağımlı ve bağlı doğasını anlamalarına yardım edecek bir çeşit eğitimden geçmesi gereklidir ki bu şekilde bu hizmetleri alabilsinler. Onların iyiliğini garanti eden bir toplum için bazı görevleri üstlenmek zorunda olacaklar. Tüm bunlar ortak iyiliğe hizmet ya da katılımda bulunmakla ilgili olmakla birlikte insanların birbirine karşı davranışıyla da ilgilidir.

Örneğin, tüm çocukların temel eğitimi almasını sağlamak devlete bir kuruşa bile mal olmaz. Temel ihtiyaçlarının sağlanması karşılığında gönüllü olarak çalışan işsiz eğitmenler tarafından bu görev yerine getirilebilir. Bu belirgin bir şekilde toplumun sosyal bağlılığının göstergesi olacak ve daha iyi bir dünyanın parçası olmak adına insanlara pozitif bir teşvik olacaktır.

2) Eğitim: Daha önce eğitimin insanların dünyayı anlamalarına yardım edeceğini söylemiştik. İntegral Eğitim örneği ortaya koyar ki, her vatandaş, ülkenin her üyesi bu eğitimde yer alabilir.

Eğitimin iki yönlü amacı vardır: bir sosyal, bir de ekonomik. Özündeki gerçek amaçtan daha bütünleyici yarar sağlayacak olan bu amaç, insanların az gelir elde ettiği zamanlarda destekleyici bilgiyle onları donatacaktır. Eğitimin bu bölümü tüketici eğitimini (bireysel finans) içermelidir ki

157

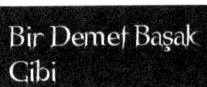

Bir Demet Başak Gibi

Michael Laitman

insanlar sınırlı kaynaklarla geçimlerini sağlayabilmeyi öğrenebilsinler.

Kursun önemli bir kısmı, ortak bir amacı paylaşan bütünün bir parçası olarak, insanın kendini algılamasıyla ilgili başlıklara ayrılır. Toplum birliğine zorunlu olmanın algısı. Bu olmadan herkes kendi için hareket eder ve kıran kırana bir rekabet söz konusu olur.

Bu tip bir toplumla agresif yöndeki bir toplum arasındaki büyüyen uyumsuzluk, hiç şüphesiz insanların sosyal alanları üzerindeki baskıyı yükseltir ve sonuç toplumun iflasıyla sonuçlanır. Bu olduğunda tarih ispatlamıştır ki herkesin tahmin edeceği gibi, Yahudiler suçlanacak.

Bu nedenle aşağıda, insanların daha bağ içinde olması için yol gösterecek İntegral Eğitim kapsamında olması gerektiğine inandığım başlıkları göreceksiniz.

- Ekonomide, kültürde ve toplumda bağlılık ve bunun bizim için ne demek olduğunun anlaşılması. Bu başlık, arzuların evrimini, dördüncü seviyede zenginlik, güç ve şöhreti nasıl arzuladığımızı ve bu arzuların ne kadar negatif de olsa bizi birbirimizle bağlanmaya yönlendirmesi detaylı olarak anlatılır.

- Birbirine bağlılık -Neden birbirimize bağımlı olduk ve bu bireysel, sosyal ve politik seviyede ilişkilerimizi nasıl etkiliyor? Bu başlık arzuların evriminin tanımından sonra gelmeli ve neden arzularımızın bizi birbirimize daha bağımlı kıldığını göstermelidir. Bu arzular tabiatımızdan gelen kötü niyetleri içinde barındırarak sağlam ilişkiler kurmamıza sebep olacaksa, gittikçe birbirimize daha çok bağlanıyoruz demektir çünkü hepimiz birbirimizi kullanmak istiyoruz. Dahası bunda hepimiz eşitiz çünkü isteklerimizin temini için başkalarına bağımlıyız.

- Sosyal, duygusal ve zihinsel kapasitemizi geliştirmek:

158

Michael Laitman

Bir Demet Başak Gibi

- Stres, yetersizlik ve depresyonla sonuçlanan işsizlikle nasıl mücadele edeceğimizi öğrenmek.

- Dinlemeyi, duygularımızı ve ihtiyaçlarımızı ifade etmeyi, birbirimize saygı duymayı ve beden dilini okumayı öğrenmek için iletişim becerilerini geliştirmek. Buradaki amaç saldırganlığı dağıtmak ve daha iyi bir ortak anlayış oluşturmak.

- Şiddet yanlısı olmayan bir şekilde yerel uyuşmazlıkları çözmeyi öğrenmek.

- Öğrenme, kendini zenginleştirme, tansiyonu düşürme ve kendine güveni yenileme aracı olarak sosyalleşme.

- Medya tüketimi: Yukarıda belirttiğimiz gibi, kitle medyası fikirlerimizi ve değerlerimizi şekillendirmede en önemli araçtır. Bu sebeple medyanın akıllı tüketimi agresif eğilimleri azaltacak, anti-sosyal davranışları cesaretlendirmeyecek ve dünyanın ve içinde yaşadığımız ülkenin anlayışını ve gerekli bilgilerini bize sağlayacaktır. Medya terimi sadece televizyona ve radyoya ait değil, aynı zamanda internet, yazılı basın, sinema ve müzik gibi pop kültürünün bazı formlarını da içerir.

- Zaman yönetimi becerileri: Kişisel zenginlik, sosyal çemberin genişlemesi, yeni ve gelişmiş profesyonel becerilerin öğrenilmesi ve daha güçlü aile bağları kurmak için kişinin zamanı kullanmasını öğrenmek.

- Gelecekteki kurslar ve eğitim programları için eğitimcileri kalifiye hale getirmek.

Aynı zamanda fiziksel katılımın mümkün olduğu her yerde eğitim sosyal aktiviteler, simülasyon, grup çalışması, oyunlar ve multi-medya gösterileri aracılığı ile yapılabilir. Eğitim geleneksel öğretmen-sınıf formatında yapılmaz. Daha

Bir Demet Başak Gibi

Michael Laitman

ziyade öğrenciler ve öğretmenler daire şeklinde oturarak karşılıklı konuşur ve böylece paylaşımda bulunularak ortak zenginlik yoluyla öğrenirler. Fiziksel katılımın mümkün olmadığı durumlarda eğitim, merkez tarafından hazırlanan örnekler ve aktiviteler yoluyla büyük ölçüde interaktif olarak yapılır.

Böyle bir eğitimin sonuçları iki yönlüdür: 1) Bugünün değişken ortamında ve istikrarsız ekonomi dönemlerinde kişinin kendi hayatını nasıl yöneteceğinin anlayışını edinmek; 2) Bu gelişmeleri sağlayan yerçekimi gibi değişmez ve kati doğal bir yasa olduğunun ve dolayısıyla bu yasaları kendi iyiliğimiz için uygulamak zorunda olduğumuzun anlayışını edinmek.

İhsan Etme Yasası, Yaradan tarafından bize dayatılan birbirine bağlı olma yasasının altında, kendimizi nasıl yöneteceğimizi bilmemiz gereklidir derken şunu demek istemiyoruz ki, herkes Kabala çalışacak. Bunu yapmak isteyen çalışabilir fakat Yaradan'ı edinme arzusu taşımayanlar, insanlığın süper-organizmasına mümkün olduğunca katılıp, Christakis ve Fowler'in söylediği gibi Yaradan'ın içsel çalışmasını edinmeden de karşılıklı sorumluluk yasasının bir parçası olabilirler.

Tıpkı elektriği açmak için uzman bir elektrikçiye ihtiyacınız olmadığı gibi, herkes Kabalist olmak ya da yaşamlarına İhsan Etme Yasasını başarılı bir şekilde dahil edip, İhsan Etme Yasası çalışmasının uzmanı olmak zorunda değildir. Herşeyden önce bu Yasa ikinci bölümde öğrendiğimiz gibi, O'nun Yaratıklarına iyilik yapmak istemesi için vardır. Öyleyse, tıpkı elektriği, yerçekimini, çekim gücünü ve diğer doğal yasaları öğrendiğimiz gibi tek yapmamız gereken bunu doğru şekilde kullanmayı öğrenmektir.

Elektrikçilerin, uzmanlık bilgileri olmayan herkesin güvenli bir şekilde kullanması için tüm sistemi kurmaları gibi,

Michael Laitman

Bir Demet Başak Gibi

Kabalistler de topluma ihsan etme niteliğini aşılamak için sosyal ve eğitim sistemlerini inşa etmek zorundadır, bu şekilde hiçbir Kabala bilgisi olmayan kişi bile bu sistemden faydalanır.

3) **Yuvarlak Masa:** Öncelikli önemi olan bir araç ve dolayısıyla başlı başına yarar sağlayan bir tartışma platformudur. Bu tip platformda tüm katılımcılar eşit statüdedir ve o ülkenin, eyaletin, şehrin, komitenin iyiliğini ilgilendiren konularda farklı, karşıt görüşleri tartışabilir.

Dayanışmanın amacı ne farklılıkları uzlaştırmak ne de anlaşmaya varmaktır. Daha ziyade amaç, anlaşmazlıkların ve çekişmelerin üzerinde ortak bir paydada buluşabilmektir. Böyle bir müzakerenin sonucunda tartışılan konular öncekinden daha önemsiz gibi görünecek ve soluklaşacak, katılımcılar birbirlerinin sıcaklığını hissederek, iyi niyet içinde çözümler üreteceklerdir.

İsrail'de birçok organizasyon ve toplum hareketi yuvarlak masa formatını uygulamıştır. Örneğin Arvut (karşılıklı sorumluluk) hareketi yüzlerce kez bu şekilde müzakere edilmiştir ve bu formatın kullanıldığı her sefer, katılımcılar tarafından büyük başarı olarak tanımlanmıştır. Bu anlamda, yıllarca çözülemeyen sorunlar birkaç saatte çözülebilmiştir.

Şimdiye dek yuvarlak masa platformu İsrail'de büyük şehirlerde, köylerde, Arap ve Dürzü köylerinde denenerek, İsrail Parlamentosunun aşırı uçlarını bir araya getirdi. Bu görüşmeler her seferinde yüzde yüz birlik ve sıcaklık içinde gerçekleşti. Bunların video kayıtlarını için, www.arvut.org/en/round-table adresini ziyaret edebilirsiniz.

Yuvarlak masa görüşmeleri dünyada da kabul gördü. New York ve San Francisco, Toronto, Frankfurt, Roma, Barcelona ve St. Petersburg, bu tarz müzakerelerin yapıldığı ve İsrail'deki gibi bir başarı elde edildiği şehirlerden bazılarıdır.

Bir Demet Başak Gibi

Michael Laitman

Yuvarlak masadaki eşitlik ruhu ve gerçek müzakere ortamı seyirciyi de içine alır ve şu düzeni izler: Geçmişlerinde ve ajandalarında anlaşmazlık olan farklı insanların bir masa etrafında oturması. Panelistler, sunucu tarafından açıklanan konu hakkında görüşlerini belirtir.

Daha sonra, seyirciler panelistlere sorularını sorarlar. Panelistlerin diğer panelistleri eleştirmemesi ya da sözlü müdahalede bulunmaması temel kuraldır. Kişisel eleştiri kesinlikle yasaktır. Bu şekilde seyirciler birbirini tamamlayan farklı görüşleri dinler.

Akabinde seyirciler çoklu yuvarlak masalara bölünür ve sunucu tarafından sorulan soruları aralarında tartışırlar. Son olarak masalar bir meclis haline getirilir ve her masa kendi sonuçlarını ve izlenimlerini paylaşır.

Son zamanlarda internet üzerinden bazı yuvarlak masa görüşmeleri denendi ve onlar da başarılı oldu. Doğal olarak, her ülkenin kendine ait bir zihniyeti ve her aracın -canlı yayın, televizyon programı- avantajları ve dezavantajları var. Dolayısıyla iki benzer şey aynı şey değildir. Yine de, her müzakerenin temelinde olan dostluk ve karşılıklı sorumluk ruhu bu eşsiz müzakerelerin başarısını kanıtlar. Birçok toplum karşılıklı sorumluluk kavramını yaşamaktan uzak olmasına rağmen, video kayıtlarının gösterdiği gibi, bu müzakereler karşılıklı sorumluluk içinde yaşamanın ne olduğu hissini vermeyi başarmıştır.

İntegral Anlayışla Eğitilen Çocuklar

Yetişkinler sosyal çevrelerini olumlu yönde değiştirme sorumluluğunu üstlenirken, konu çocuklara ve gençlere geldiğinde iş çok daha karmaşıklaşır. İster hükümet, ister özel girişim destekli olsun bağ kurmayı sağlayacak çevreyi inşa etmede yetişkinlerin -öğretmenler ve eğitmenler- sorumluluğu artar.

Michael Laitman

Bir Demet Başak Gibi

Şimdiki eğitim sitemi bitmek bilmeyen bir rekabeti destekliyor. Öyle ya da böyle rekabet doğaldır ve negatif değildir. Fakat bugünün birbiriyle yarışan kültürünü ve bunun bize ve çocuklarımıza ne yaptığını düşündüğümüzde şu açıktır ki sahip olduğumuz bu nitelik yanlış kullanılmaktadır.

Yarışma Yok: Rekabete Aykırı Durum, kitabında Alfie Kohn, psikolog Elliot Aronson'dan şu alıntıyı yapıyor: "Takımı kaybettiğinde gözyaşlarına boğulan Küçükler Ligi oyuncusundan, stadyumda 'Birinci biziz' diye bağıran lise öğrencisine kadar; savaş kaybeden ilk Amerikan Başkanı olmamak için sağduyusunu kaybeden Lyndon Johnson'dan, matematik testinde gösterdiği muhteşem performans nedeniyle sınıf arkadaşlarını küçümseyen üçüncü sınıf öğrencisine kadar; hepimiz zafer saplantılı kültürel bir sarsıntı geçiriyoruz."

Aslında, kütüphaneler ve internet, hem okulda hem de iş hayatında rekabetin ve bireyselliğin kötü, işbirliği ve bağ kurmanın iyi olduğunu belirten çalışmalarla dolu. Jeffrey Norris News Center'da "Yamanaka'nın Nobel Ödüllü Eğitim ve İşbirliği Değerleri" başlıklı bir hikâye yayınladı. Bu hikâyede Norris şunu iddia etti: "Gecenin geç vakitlerine kadar çalışarak, yaptığı deneyin 'Evreka' anının yalnız hazzını yaşayan bilim adamı görüntüsü Hollywood filmlerine aittir fakat realitede bilim yüksek oranda sosyal bir çabadır." "Sinerjik İşbirliği Gelişimi Sağlar" başlıklı bölümde Norris şunu söylüyor, "Modern bilimsel laboratuvar binalarında her bilimsel araştırmacı, doktora yapan ve mezun olmuş öğrencilerle ve teknikerlerle beraber çalışır ve ziyaretçiler bir laboratuvarın nerede bitip, diğerinin nerede başladığını bilemez. Bilimsel fikirler ve yakın işbirliği interaktif bir ortamdan beslenir."

Okullarda da bu böyledir. Sayısız deneyle eğitim sistemindeki işbirliğinin yararları ortaya konmuştur.

Bir Demet Başak Gibi

Michael Laitman

"Eğitimsel Psikolojinin Başarı Öyküsü: Sosyal Bağlılık Teorisi ve İşbirlikçi Öğrenim" adlı makalede, Minnesota Üniversitesi Profesörleri David W. Johnson ve Roger T. Johnson, sosyal bağlılık teorisini inceliyor. Onlara göre, "Son yüzyılda işbirlikçi, rekabetçi ve bireysel çabalar üzerine 1200'den fazla araştırma yapıldı. Bu çalışmalarda elde edilen sonuçlar, teoriyi ispatlamış, değiştirmiş, arındırmış ve genişletmiştir."

Araştırmacılar, işbirliği içindeki öğrenim ile çoğunlukla uygulanan bireysel rekabetçi öğrenim arasındaki verimliliği karşılaştırmışlardır. Sonuçlar çok açıktır. Bireysel yükümlülük ve sorumlulukla ilgili olarak şunu belirtmişlerdir, "Grup üyelerini birbirine bağlayan pozitif bağımlılık, (a) kişinin üzerine düşeni yapması ve (b) diğer grup üyelerinin işini kolaylaştırması açısından sorumluluk hissini arttırmıştır. Ayrıca, kişinin performansı işbirliğinin sonucunu etkilediğinde, kişi en az kendi iyiliği kadar diğerlerinin iyiliği içinde sorumluluk hisseder. Başarısız olmak kişi için kötüdür ama kendiyle beraber diğerlerini de başarısızlığa uğratmak daha da kötüdür." Diğer bir deyişle, pozitif bağımlılık, narsisizm noktasına büyüyen bireysellik trendinin tersine insanları anlayışlı ve işbirlikçi hale getirir.

Johnson ve Johnson pozitif bağımlılıkla, negatif bağımlılığı ayırıyor. Pozitif olan için şunu söyleyebiliriz "...insanlar sadece ve sadece işbirliği yaptığı kişiler amaçlarına ulaşırsa, amaçlarına ulaşır." Negatif bağımlılığın anlamı da şudur: "insanlar, sadece ve sadece işbirliği yaptığı kişiler amaçlarına ulaşmada başarısız olursa, amaçlarına ulaşırlar."

İşbirliğinin yararlarını göstermek amacıyla araştırmacılar, rekabet edenlere kıyasla işbirliği içinde olan öğrencilerin başarısını ölçtü. Buldukları şuydu, "İşbirliğinde bulunan ortalama bir kişi, rekabetçi ya da bireysel bir şekilde hareket eden ortalama bir insandan üçte iki daha fazla başarı elde ediyor."

Michael Laitman

Bir Demet Başak Gibi

Böyle bir sonucun anlamını anlamak için, D-ortalamaya sahip bir çocuğu düşünün, işbirliği yaparak öğrencinin notları A+ ortalamaya kadar çıkabilmektedir. Johnsonlar şöyle yazar: "İşbirliği içinde olmanın bireysel ve rekabetçi çabaya kıyasla, okul ve görevle ilgili olarak, güçlü bir bellek, yüksek motivasyon ve başarı, daha fazla yaratıcı düşünce ve pozitif davranışa sebep olduğu ortaya konmuştur." Diğer bir deyişle bu sosyal davranıştan sadece çocuklar değil, bütün bir toplum fayda sağlar.

2012'de Terapist ve Psikolog Dr. Anatoly Ulianov ile birlikte "Bütünsel Toplumun Psikolojisi" adlı bir kitaba imza attık. Kitapta bugünün aşırı rekabetçi toplum örneklerini ve İntegral Eğitim prensiplerini inceledik. Özünde kitap şunu ortaya koymuştur ki, daha önce bahsettiğimiz konuşan seviyenin zenginlik, güç ve ün arzularıyla ilintili insan doğasındaki rekabet arzusunu kısıtlamamalıyız. Bunun yerine, deyim yerindeyse dağların kralı ya da kraliçesi olmak için savaşmak yerine, başkaları için katkı sağlayan kişiler arasındaki rekabeti destekleyen sosyal ortamlar yaratmalıyız.

Özellikle kazanan olarak deklare edilmesi gerekenler, başkalarının iyiliği için elinden geleni yapanlar olmalıdır. Bu bir bakıma başkalarını en çok seven kişi yarışmasıdır. Çocukların başarılı olma güdüsü -özellikle başkası üzerinde başarılı olmak- kendileri yerine toplumun yararına hareket edip zorluklar karşısında tam potansiyellerini açığa çıkarmaları açısından engellenmemelidir çünkü bu tip bir yarışı kazanmanın tek yolu, iyi olmak için en iyi olmaktır. Bu şekilde rekabet çocuklarda ihsan etme niteliğini ortaya çıkaran bir araç haline gelir.

Bu sağlıklı atmosferi devam ettirmek için öğretmen -öğrenci ilişkisi, bu değerleri yansıtmalıdır. Bu, geleneksel eğitim sistemine bazı yenilemeler yapmayı gerektirir. İntegral Eğitimde bugünün en önemli zorluğu bilginin aktarımı değil,

Bir Demet Başak Gibi

Michael Laitman

daha ziyade bilgiyi daha kolay elde etmeleri için, çocuklara en iyi şekilde hizmet edecek becerileri aşılamaktır.

Bugünün yaşamı, ders yöntemiyle bilginin aktarıldığı Endüstriyel Devrim zamanlarındaki yaşamdan oldukça farklı olduğu için, bu geleneksel örnekleri değiştirme zamanı gelmiştir. Bilgi Çağında veriler o kadar çabuk toplanmaktadır ki geçmiş deneyimler sadece ileriki öğretimlere temel olarak hizmet edebilir. Bugünün yetişkin dünyası için bir hazırlık olarak okul çocukları, bilgi edinme zorunluluğundan daha fazlasını öğrenmeyi, öğrenmek zorundadır.

Ayrıca, bugünün birbirine bağlı dünyasında erken yaşlardan itibaren çocuklar, ben-merkezci olmanın kişiyi mutluluğa ulaştırmadığını anlamalıdır. Aksine Johnson ve Johnson'un da söylediği gibi, karşılıklı saygı ve başkalarına açık olmak kişinin başarısını ve mutluluk şansını arttırır.

Fakat çocuklar dünyanın birbirine bağlı olduğunu sadece duyarak ya da konuşarak değil, aynı zamanda deneyimleyerek de öğrenmek zorundadır. Bunu başarmanın bir yolu da sınıfları herkesin birbiriyle ilgilendiği mikro-evren, mini-toplum, küçük-aile formuna çevirmektir.

Bu noktada İntegral Eğitim, öğrencilerin, öğretmenlerin ya da eğitmenlerin daire şeklinde oturup, konu hakkında müzakereler yaparak öğrenmesini sağlar. Daire şeklinde oturum öğretmenleri ve öğrencileri aynı seviyeye konumlandırır böylece eğitmen otoriter ya da baskıcı olmadan müzakerelere, öğrenmeye yönelik olarak rehberlik eder.

Diğer önemli bir mesele de okul müfredatıdır. Müfredat dünyanın birbirine bağlı doğasını yansıtmalıdır. Ayrıca konu başlıklarının bütünleşmesini de sağlamalıdır. Bu şekilde, matematik, fizik ve biyoloji gibi çalışma alanları ayrı ayrı değil, bu üç disiplinin yasalarının fiilen işlediği Doğa'nın kapsamı içinde bir bütün olarak öğretilmelidir.

Michael Laitman

Bir Demet Başak Gibi

Entegrasyon gerçek çalışmayı da içine almalıdır, bu şekilde öğrencilerin biyoloji yasalarını kendi yaşamlarına da uyarlamaları mümkün olur. Herşeyden önce insanlık süper bir organizma olarak adlandırıldığından, biyoloji yasalarını insan toplumuna uyarlamak doğal bir gelişim olarak görülebilir.

Diğer dikkat çekici bir nokta da, İntegral Eğitimde eğitimciler öğretmen değil, yetişkin öğrencilerdir. Bu durum farklı yaş gruplarındaki öğrenciler arasında işbirliğini ve dostluğu pekiştirir, genç eğitimcilerin pedagojik ve sözel becerilerini geliştirir ve öğretmek zorunda oldukları bilgiyi daha derin bir şekilde özümsemelerine sebep olur.

Fakat herşeyden önemlisi, genç eğitmenler yetişkin öğretmenlerin yerine öğretirse, disiplin meseleleri adeta hükmünü yitirir. Çünkü küçük çocuklar genellikle yaptıkları gibi, eğitimcinin gözünde en iyi öğrenci olma yarışı sebebiyle kendinden iki ya da üç yaş büyük çocuklardan örnek alır. Bu arzuyu yukarıda bahsettiğimiz iyi olmada en iyi olmak arzusuyla birleştirdiğimizde, sabahları neşe içinde gelinen bir okul atmosferi yaratmış oluruz ki bu şekilde çocuklar gelecekte kendine güvenen ve toplum yanlısı yetişkinler haline gelir.

İntegral Eğitim amaçlarından biri de, öğrenimin gruplar halinde yapılmasıdır, çünkü bu sosyal becerilerin gelişmesi, bilginin tam öğrenilmesi için en avantajlı çalışma şeklidir. Dolayısıyla, öğrencinin değerlendirilmesi onun ezber ve bildiklerini arka arkaya söylemesi becerisine bağlı olarak yapılmaz. Daha ziyade bireyden ziyade tüm grubun değerlendirilmesi yapılır. Bu grup sorumluluğunu hissini daha da geliştirir.

Öğretmenler ve eğitimciler ebeveynlere ve okul yöneticilerine çocukların sosyal ve eğitimsel gelişimiyle ilgili olarak düzenli olarak rapor gönderir. Çünkü bu eğitim sisteminde

Bir Demet Başak Gibi

Michael Laitman

öğretmenlerin öğrencilere daha yakın olması sebebiyle sorunlar bir krize dönüşmeden fark edilir ve çözümlenir.

Haftada bir gün öğrenciler okuldan ayrılıp dışarıya çıkmalıdır. Bu eğitim sistemi, yaşadıkları dünyayı öğrenmeleri için hayatlarını etkileyen yönetim birimlerinin ve yaşadıkları yerin tarihinin ilk elden bilgisini onlara sağlamalıdır. Bu geziler müzeleri, yakın parklara yürüyüşleri, tarımsal bölge, fabrika, hastane turlarını ve hükümet kurumları, polis merkezi ziyaretlerini içermelidir.

Her gezi öncesi öğrenciler gidecekleri yerin bilgisini edinir ve o yerin toplumdaki yerini, neye katkı sağladığını, muhtemel alternatiflerini ve o kurumun kökenini araştırır.

Örneğin yerel polis merkezine gitmeden önce öğrenciler internetten polisle ilgili araştırma yapabilir, eğer mümkünse o merkezle ilgili özel bilgiler edinebilir. Polisin bugünkü konumuna nasıl geldiğini, toplum yaşamına nasıl uyduğunu ve polisin yerine hangi alternatifleri hayal edeceğimizi araştırabilirler.

Bu şekilde çocuklar içinde yaşadıkları dünyayı tanır, daha arzu edilebilir bir gelecek, yaratmak için yaratıcı düşünceyi geliştirebilir, takım çalışmasını deneyimleyebilir ve öğrenme becerilerini geliştirebilir. Gezilerin akabinde çocuklar buldukları, edindikleri izlenimleri müzakere ederek paylaşabilir, önerilerde bulunabilir ve karşılaştırmalar yapabilir.

İntegral Eğitim okullarıyla ilgili söylenecek daha çok şey var, örneğin ebeveyn-okul-öğrenci ilişkileri, ev ödevi yaklaşımı, tavsiye edilen okul saatleri, tatiller, ceza politikaları gibi. Bu başlıklar bu kitabın içeriğinin dışındadır fakat İntegral Eğitim mesajı çok açıktır: çocuklar birbirine bağlı bir ortamda öğrenmeli ve böyle bir ortamda yaşamın hazzını ve faydasını tecrübe etmelidir.

Michael Laitman

Bir Demet Başak Gibi

BİZİM ÖNCELİĞİMİZ, BİZİM GÖREVİMİZ, BİZİM ZAMANIMIZ

Yetişkinlerin, gençlerin ve çocukların eğitimiyle ilgili son bir şeyden bahsetmek gerekir. Hiçbir İntegral Eğitim eğer sadece maddesel yaşamlarımızı iyileştirmeyi amaçlarsa, başarıya ulaşamaz. Bu arzu edilen bir hedef olmasına rağmen, tüm insanlığın bağlılık ve bağımlılık çağına doğru ilerlediğinin anlayışı olmadan bu başarılamaz çünkü bu Doğa'nın yasasıdır.

İnsanlar buna "Yaradan" demek zorunda değil. Arzusu olmadan kimsenin daha yüksek, daha derin, daha geniş bir algı seviyesini edinmesine gerek yoktur. Ancak, insanlar form eşitliğini, Doğa'nın Yasası gibi olmayı yani birbirine bağlı olmayı yaşamlarına adapte etmelidir.

Ders programını ve çalışma programını hazırlayanlar Kabalistler olmalıdır. Kabala çalışması asla zorunlu olmayacaktır çünkü kendilerini değiştirmek isteyenler, kendilerini başkalarına hizmet etmek için adayanlar ve ihsan etme niteliğini edinmeyi yürekten isteyenler kendilerini bu göreve adayacaktır.

Böyle bir değişim ağır bir görevdir. Yine de bizler daha önce değişimden geçtik, ister farkında olalım ya da olmayalım, bu değişimin anısı hepimizin içinde mevcut. Bu bizim çağrımız; bizim ayrıcalığımız; bizim görevimiz; ve bizim zamanımız.

Bu hissiyatın sonucunda yukarıda bahsedilen eğitim metodu planlandı. Bu size klasik olmayan bir metot gibi gelebilir fakat onun kökleri tarihimize ve ruhumuzun derinliklerine dayanmaktadır ve başka doktrinlerle ilkeleri test edilmiştir. Eğer birlik olursak başarıya ulaşacak, olamazsak ulaşamayacaktır. Atalarımızın dediği gibi, "İsrail puta tapsa bile, aralarında barış varsa, Yaradan şöyle der: 'Aralarında barış olduğundan onlara hükmedemem.'"

Bir Demet Başak Gibi

Michael Laitman

Baal HaSulam'ın "Zohar Kitabı'na Giriş" kitabında söylediklerini referans vererek bitirmek istiyorum. Giriş bölümünü şu cümleyle bitirir: "Eğer İsrail birlik olarak görevini yerine getirir ve dünyaya mutluluk ve ihsan etme niteliğinin edinimini getirirse, İsaiah Peygamberin sözleri gerçek olur ve uluslar bize katılarak görevimizde bize yardımcı olur." "Yaradan şöyle der: 'Bekle uluslara elimi kaldıracağım ve insanlara standardımı öğreteceğim: ve onlar kollarında oğullarınızı, omuzlarında kızlarınızı taşıyacak.'"

Michael Laitman

SON SÖZ

İnsanlık tek bir aile olarak birleşmeyi hak ediyor. Bu şekilde, ulusların ve sınırların ayrılığından doğan kötülük ve sorunlar bitecektir. Dünya her ulusun kendine has karakteristik özellikleri mükemmel hale gelmesiyle kurtulacaktır. Bu İsrail'in tamamlamak zorunda olduğu eksikliktir.

Rav Kook

Bu kitabı yazmak kolay olmadı. Pek çok kitap yazdım ama hiçbiri duygusal ve entelektüel olarak bu kadar zorlu olmadı. Uzun yıllar boyunca önümüzdeki görevin farkındaydım. Baskıcı ve zorlayıcı olarak algılanmak istemem, üstelik sürekli vaaz ya da nasihat vermek benim "Yapacaklar" listemin en tepesinde değil.

Ama yine de, Rabaş'la yaptığım çalışmalar bana şunu öğretti ki, dünyanın gitmekte olduğu yol kargaşaya doğru gitmektedir. Bu sebeple daha önceki Kabalistlerin aksine Rabaş'ın babası Baal HaSulam, tıpkı oğlu gibi bu kadim bilgeliği, insanlığın büyüyen egoizmini iyileştirmek için daha çok yaymaya istekliydi.

Baal HaSulam, 1930'larda dünyada çok az insanın farkında olduğu büyüyen küresel bağımlılık unsurunun farkındaydı. Eğer insanlık karşılıklı sorumluluk ilkesi çerçevesinde, bağı desteklemezse bunun çözülemeyen bir krize yol açacağını da biliyordu çünkü insan doğası bağlılıkla karşılıklı nefretin arasındaki zıtlığı tolere edemez.

Küreselleşme çağının erken dönemlerinde Baal HaSulam, doğuştan bağlı olduğumuz tek bir ruhun, tek bir arzunun parçası olduğumuz için bu sürecin geri döndürülemeyeceğini anlamıştı. Biliyordu ki, amacımız insanlığın nefret dolu ve birbirine yabancı olması değil, ihsan etme niteliğini edinmesidir.

Bir Demet Başak Gibi

Michael Laitman

Bugün onun ne kadar haklı olduğunu görüyoruz. Umutsuzca birbirimize kötü bağlarla bağlıyız ve bundan memnun değiliz. Sosyal sistemlerimiz örneğin ekonomi, sağlık ve eğitim gösteriyor ki, kötülük insan ilişkilerinin temelini oluşturuyor, dolayısıyla her varlık kendini yönetmelikler, kanunlar ve hukuk kurallarıyla destekliyor.

Fakat izlenen bu yol sürdürülemez. Ailelerin aile üyelerinin iyiliğini istemesi gibi, insanlığın tüm bireyleri birbirine güvenmeyi öğrenmek zorundadır.

Ancak, kitap boyunca söylediğimiz gibi, egolarımız sürekli olarak geliştiğinden ve bireyselliğimizi desteklediğinden, onu baskılamadan ve yok saymadan, farklılıklarımızın üzerinde birlik olmamızı sağlamaya yardım edecek bir metoda ihtiyacımız var. Bu metot halkımızın manevi mirasıdır ve Yahudilere verilmiş bir hediyedir.

Bu hediye Baal HaSulam'ın Uluslar kitabında belirttiği gibi Kabala ilmi, İntegral Eğitim araçları ya da insan doğasında ayrılıktan birliğe, düşmanlıktan sevgi ve ilgiye doğru kalıcı bir değişimi sağlayacak başka araçlarla verilebilir. Eğer birlik olmayı başarırsak, karakter olarak ne kadar farklı olursak olalım, aramızdaki bağ o kadar güçlü ve sıcak olur. Rav Nathan Sternhertz'in tanımladığı gibi, "Bu öncelikle Yaratılışın kalbi ve herşeyin ona bağlandığı, insana bağlıdır. Bu sebeple, yaşamın, devamlılığın ve tüm Yaratılışın ıslahının kalbi olan birliği ve barışı barındıran, farklı insanların sevgi, birlik ve barış içinde beraber yaşaması demek olan 'Komşunu kendin gibi sev' sözü Tora'nın en yüce kuralıdır."

Gerçekte halkımızın güzelliği birlik oluşundan, bağlılığından gelir. Ulusumuz, hayatın temel gücünü keşfetme arzusunu paylaşan bireylerin grubudur. Bunun "sevgi" olduğunu keşfettik çünkü bu niteliği içimizde geliştirdik. Sevginin

Michael Laitman

Bir Demet Başak Gibi

gücü bizi birleştirdi ve bu ruhla keşfettiğimiz şeyi, buna arzu duyan herkesle paylaşmaya hazırdık. Fakat zamanla önce aramızdaki bağı, sonra bağımızda keşfettiğimiz gücü kaybettik. Şimdi dünya bizden bu bağı önce aramızda sonra tüm insanlıkla paylaşmamızı bekliyor. Bizler Yaradan'ın niteliği olan sevgi niteliğiyle ödüllendirildik. Bu ödülü almak, insanlığın yaratılma amacıdır ve bizler bu sevgiyi uluslara yayacak tek aracız. Winston Churchill'in sözleriyle yorumlarsak, insanlığın doğuşundan bu yana "azınlığın, çoğunluğa bu kadar çok şey borçlu olduğu hiç olmamıştır."

Baal HaSulam şöyle yazar: "O'nunla Dvekut (form eşitliği) demek olan Yaratılış amacına basamak olan başkalarını sevme çalışmasını üzerlerine alana kadar gelişmek ve kendini ve dünya insanlarını yüceltmek, İsrail'in görevidir."

BNEY BARUH HAKKINDA

Bney Baruh, Kabala bilgeliğini tüm dünya ile paylaşan büyük bir Kabalistler grubudur. 38 den fazla dildeki çalışma araçları bir nesilden diğerine geçmiş otantik Kabala metinlerini temel alır.

Mesaj

Bney Baruh dünya çapındaki binlerce öğrencinin birçok çeşitli hareketinden oluşmaktadır. Her öğrenci kendi kişisel koşullarına ve yeteneklerine göre kendi yolunu ve yoğunluğunu seçer.

Son yıllarda grup, orijinal Kabala kaynaklarını çağdaş bir dille sunan gönüllü eğitim projeleriyle uğraşan bir hareket olarak büyüdü. Bney Baruh tarafından dağıtımı yapılan mesajın özü insanların birlik olması, ulusların birliği ve insan sevgisidir.

Binlerce yıldır, Kabalistler insan sevgisinin yaratılışın temeli olduğunu öğretmektedirler. Bney Baruh kesinlikle Din, Irk, Dil, v.b. bir ayırım gözetmez. Bu sevgi Hz. İbrahim'in, Hz. Musa'nın ve onların kurduğu Kabalist grupların günlerinden beri hakim olmuştur. İnsan sevgisi temelsiz nefrete dönüştüğü zamanlarda, millet sürgün ve ızdırap içine düşmüştür. Eğer bu eski-ama-yeni değerler için bir yer açarsak, farklılıklarımızı bir kenara koyup birleşmek için gerekli olan güce sahip olduğumuzu keşfedeceğiz.

Bin yıldan beri gizlenmiş olan Kabala bilgeliği şimdi açığa çıkıyor. Bizim yeterince geliştiğimiz ve onun mesajını uygulamaya hazır olduğumuz bir zaman için bekliyordu. Bugün Kabala ulusların kendi içlerindeki ve uluslar arasındaki gruplaşmaları, ayrılıkları birey ve toplum olarak çok daha iyi bir durumda birleştirecek bir mesaj ve çözüm olarak ortaya çıkmaktadır.

Tarih ve Kökeni

Kabalist Michael Laitman, Ontoloji (Varlık Bilimi) ve Bilgi Kuramı Profesörü, Felsefe ve Kabala konusunda doktora, Tıbbi Bio-Sibernetik konusunda yüksek lisans yapmıştır ve 1991 de, hocası Kabalist Baruh Şalom HaLevi Aşlag'ın (Rabaş) vefatından sonra Bney Baruh adlı Kabalist grubunu kurmuştur.

Kabalist Michael Laitman akıl hocasını anmak için onun anısına grubuna Bney Baruh (Baruh'un Oğulları) adını verdi. Hayatının son 12 yılında, 1979 dan 1991 e kadar onun yanından hiç ayrılmadı. Kabalist Laitman, Aşlag'ın en önemli öğrencisi ve özel asistanıydı ve onun öğretim metodunun takipçisi olarak tanındı.

Rabaş 20.yüzyılın en büyük Kabalisti Yehuda Leib HaLevi Aşlag'ın ilk oğlu ve takipçisidir. Yehuda Aşlag, Zohar kitabı üzerine yazılmış en kapsamlı ve en saygın tefsirin yazarıdır. Sulam Tefsiri (Merdiven Tefsiri) manevi yükseliş için eksiksiz bir metod ifşa eden ilk Zohar tefsiridir.

Bney Baruh tüm çalışma metodunu bu büyük manevi liderler tarafından kazılmış yol üzerine temellendirir.

Kabala Dersleri

Yüzyıllardır Kabalistlerin yaptığı gibi ve Bney Baruh faaliyetlerinin odağındaki en önemli ögesi olarak, Kabalist Laitman Bney Baruh'un İsraildeki merkezinde her gün 03.00-

06:00 (İsrail ve Türkiye saatiyle) arası verdiği dersler yer almaktadır. Dersler simultane olarak 7 dilde; İngilizce, Russa, İspanyolca, Almanca, İtalyanca, Fransızca ve Türkçe olarak çevirilmektedir.

Tüm Bney Baruh faaliyetleri gibi canlı yayınlarda dünyanın her yerinden olan binlerce öğrenci için ücretsiz olarak sunulmaktadır.

Finansman

Bney Baruh Kabala bilgeliğini paylaşmak üzere kâr amacı gütmeyen bir organizasyon olarak kurulmuştur. Bağımsızlığını ve niyetlerin saflığını koruyabilmek için Bney Baruh hiçbir devlet ya da politik oluşum tarafından desteklenmemektedir, fonlanmamaktadır ya da hiçbir kuruluşa bağlı değildir.

Çoğunlukla bu aktiviteler ücretsiz olarak sunulduğu için, grup aktivitelerinin temel kaynağı öğrencilerin gönüllü olarak katkıda bulunmalarından oluşmaktadır.

Kabalist Michael Laitman'ın Kabala'yı Arayışı

Bir çok derste ve röportajda Kabala'ya nasıl geldiğim bana sürekli sorulan bir sorudur. Kabala'dan uzak bir takım konuların içerisinde olsaydım muhtemelen bu sorunun geçerliliğini anlayabilirdim. Ancak Kabala hayatımızın amacının öğretisidir; hepimize çok yakın ve her birimizi ilgilendiren bir konu! Dolayısıyla bence daha uygun bir soru, Kabala'nın kişinin kendisi ve hayat ile ilgili soruları içinde barındırdığını nasıl bulduğum olmalı. Yani soru, "Kabala'yı nasıl keşfettiniz?" değil, "Neden Kabala ile ilgileniyorsunuz?" olmalı.

Hâlâ çocukluk çağındayken, tıpkı bir çok insan gibi, neden var olduğum sorusunu sordum. Bu soru, dünyevi zevklerin peşinde koşarak bu soruyu bastırmadığım anlarda sürekli beni rahatsız ediyordu. Bununla beraber, bu soruyu defalarca suni şeylerle, örneğin ilginç bir meslek edinip kendimi yıllarca işime adayarak ya da uzun yıllar peşinde koştuğum kendi ülkeme göç etmekle bastırmaya çalıştım.

1974 yılında İsrail'e geldiğimde de hayatın manası nedir sorusuyla hâlâ boğuşuyordum; yaşamaya değecek bir neden bulmaya çalıştım. Elimdeki imkânları kullanarak eski konuları (politika, iş hayatı vs) farklı yorumlarla ele alıp herkes gibi olmaya çalışsam da hâlâ bu ısrarlı soruyu silip atamıyordum: Hangi nedenden dolayı tüm bu şeyleri yapmaya devam ediyorum? Diğer herkese benzeyerek ne elde ediyorum?

Maddi ve manevi zorlukların etkisiyle beraber realiteyle başa çıkamayacağımın farkına varmam 1976 yılında beni dindar bir hayat yaşamaya getirdi, ümidim bu hayat tarzının bana daha uygun düşünceler ve fikirler getireceği ve yapıma daha uygun olacağı inancıydı.

Hiçbir zaman insanlığa özel bir meylim olmadı, sosyal bilimler, psikoloji ya da Dostoyevski'nin derinliğinin değerini ölçecek bir ilgiye sahip değildim. Sosyal bilimlerdeki tüm ilgim hep alelâde seviyedeydi. Belli bir düşünce ya da hissin derinliğinden kaynaklanmıyordu.

Buna rağmen, çocukluğumun erken dönemlerinden beri bilime güçlü bir çekim hissediyordum ve sanırım bu bana çok faydalı oldu.

1978 yılında tesadüfen Kabala dersleri için bir reklam gördüm. Hemen gidip kayıt yaptırdım ve doğamın geleneksel heyecanıyla Kabala'ya daldım. Bir çok kitap aldım ve bazen haftalarımı bile alsa cevaplar bulabilmek için bu kitapları derinlemesine çalışmaya başladım.

Hayatımda ilk kez böylesine derinden, özümden etkilenmiştim ve anladım ki benim ilgi alanım buydu çünkü yıllardır kafamı karıştıran konuların hepsiyle ilgileniyordu.

Gerçek bir öğretmen aramaya başladım, tüm ülkeyi dolandım ve bir çok yerde derslere katıldım. Ama içimden bir ses sürekli esas Kabala'nın bu olmadığını söylüyordu, çünkü benden değil soyut ve uzak şeylerden bahsediyordu.

Tüm bulduğum hocaları terk ettikten sonra bana yakın bir arkadaşımın da Kabala'ya ilgi duymasını sağladım. Akşamlarımızı birlikte, bulabildiğimiz tüm Kabala kitaplarını çalışarak geçirirdik. Bu aylarca sürdü.

1980 yılında soğuk, yağmurlu bir kış gecesi, Pardes Rimonim ve Tal Orot kitaplarını çalışmak yerine, çaresizlikten, kendimi de şaşırtacak şekilde arkadaşıma Bney-Barak şehrine gidip bir hoca arayalım dedim.

Orada bir hoca bulursak derslere katılmak bizim için uygun olur diye de teklifimi haklı çıkarmaya çalıştım. O güne kadar Bney-Barak şehrini sadece birkaç kere Kabala kitapları ararken ziyaret etmiştim.

O gece Bney-Barak soğuk, rüzgarlı ve yağmurluydu. Kabalist Akiva ve Hazon-İsh dört yoluna geldiğimizde camı indirip sokağın öteki tarafında uzun siyah palto giymiş bir adama seslendim: "Buralarda nerede Kabala çalışırlar bana söyler misin?" Dinci bir mahallenin ne tür bir atmosferi olduğunu bilmeyenler için bu sorunun kulağa çok garip geleceğini söyleyebilirim. Kabala hiçbir dini eğitim okulunda öğretilmiyordu. Hatta Kabala'ya ilgi duyduğunu başkasına söyleyecek kişiler bile bulmak mümkün değildi. Ancak sokağın karşı tarafında duran bu yabancı, sanki hiç şaşırmamışçasına bana cevap verdi: "Sola dön ve turunç bahçelerine gelene kadar devam et, orada bir bina var. Orada Kabala öğretiyorlar."

Tarif edilen yere geldiğimizde karanlık bir bina bulduk. İçeriye girdiğimizde yan bir odada uzun bir masa gördük. Masada dört beş tane uzun ak sakallı adam vardı. Kendimi tanıttım ve Rehovot'tan geldiğimizi söyleyip Kabala çalışmak istediğimizi ekledim. Masanın başında oturan yaşlı adam bizi katılmaya davet etti ve ders bittikten sonra konuşuruz dedi.

Sonra ders Zohar Kitabı'ndan Sulam tefsiriyle bir bölüm okuyarak, yarı Aşkenazi (Yidiş) dili mırıldanarak ve sadece yarı bakışlarla insanların birbirlerini anladığı bir ortamda devam etti.

Bu insanları görüp dinledikten sonra sadece yaşlılıklarını geçirmek için bir araya gelen bir grup adam sandım, henüz akşam fazla geç değildi ve Kabala çalışabileceğimiz bir yer daha bulmak için zamanımız vardı. Ama arkadaşım beni durdurdu ve bu kadar kaba davranmamın uygun olmadığını söyledi. Birkaç dakika sonra da ders sona ermişti ve yaşlı adam kim olduğumuzu öğrendikten sonra telefon numaralarımızı istedi. Bizim için uygun bir hocanın kim olabileceğini düşünüp haber vereceğini söyledi. Bunun da çabamızı daha önceleri gibi boşa harcamaktan başka bir şey olmayacağını düşündüğümden telefon numaramı vermekte biraz çekingendim. Benim tereddüdümü hisseden arkadaşım kendi numarasını verdi. Ve iyi akşamlar diyerek oradan ayrıldık.

Ertesi akşam arkadaşım evime geldi ve yaşlı adamın kendisini arayıp bize bir hoca ayarladığını ve hatta ilk dersin o akşam olduğunu söyledi. Bir geceyi tekrar boşa geçirmek istemiyordum ama arkadaşımın arzusuna boyun eğdim.

Tekrar oraya gittik. Yaşlı adam bir başkasını çağırdı, kendisinden biraz daha genç fakat onun gibi beyaz sakallı biri; genç adama Yidiş dilinde birkaç kelime söyledi ve ayrılarak bizi yalnız bıraktı. Hocamız hemen oturup çalışmaya başlayalım dedi. Bir makale ile başlamayı tavsiye etti "Kabala'ya Giriş"; ben ve arkadaşım bu makaleyi daha önce defalarca anlamaya çalışmıştık.

Boş odadaki masalardan birine oturduk. Bizlere her paragrafı açıklayarak tek tek okumaya başladı. O anı hatırlamak benim için her zaman çok zordur; yıllarca arayıp da hiçbir yerde bulamadıktan sonra sonunda aradığımı bulduğuma dair keskin bir his vardı içimde. Dersin sonunda bir sonraki gün için ders ayarladık.

Ertesi gün bir kayıt cihazıyla geldim. Esas derslerin her sabah saat 3 ile 6 arasında olduğunu öğrendikten sonra, her gece gelmeye başladık. Ayrıca her ay yeni ayı kutlama yemeklerine de katılmaya başladık ve herkes gibi merkezin masraflarına katkıda bulunup aylık ödemelerimizi yapmaya başladık.

Her şeyi ille de kendim keşfedeceğim arzusuyla genellikle de biraz agresif olarak sık sık tartışmalara girdim. Ve bizlerle olan tüm olaylar grubun hocasına hep gidiyordu ve o da bizler hakkında sürekli soru soruyormuş. Bir gün bizim hocamız sabah dersinden sonra saat 7 gibi grubun büyük hocasının benimle "Zohar Kitabı'na Giriş" kitabını çalışabileceğini söyledi. Ancak, birkaç ders sonra benim bu derslerden hiçbir şey anlamadığımı görünce, kendi hocam aracılığıyla bu derslerin durdurulacağını söyledi.

Hiçbir şey anlamamama rağmen onunla çalışmaya devam etmeye razıydım. İçsel anlamlarına inebilme ihtiyacının dürtüsüyle, sadece mekanik olarak okumaya bile hazırdım. Çok alınmama rağmen zamanımın gelmediğini bilmiş olsa gerek ki dersleri sona erdirdi.

Aradan altı yedi ay geçti ve bizim hocamız vasıtasıyla büyük hocamız onu arabamla doktora götürüp götüremeyeceğimi sormuş. Elbette hemen kabul ettim. Yolda bana bir çok konudan bahsetti. Ben ise ona Kabala ile ilgili sorular sormaya çalışıyordum. Ve o yolculukta bana, şu an ben hiçbir şey anlamıyorken benimle her şeyden konuşabileceğini ama gelecekte anlamaya başladıkça benimle bu kadar açık konuşmayacağını söyledi.

Ve aynen söylediği gibi oldu. Yıllarca sorularıma cevap vermedi bana şöyle derdi "Kimden talep edeceğini biliyorsun" yani Yaradan'dan bahsediyordu, "talep et, sor, yalvar, iste, ne istiyorsan yap, her şeyi O'na yönlendir ve her şeyi O'ndan talep et!"

Doktor ziyaretlerimiz pek bir işe yaramadı ve kendisini kulak iltihabından koca bir ay hastaneye yatırmak zorunda kaldık. Bu zamana kadar hocamı bir çok kez doktora götürdüm; ve hastaneye alındığı gün geceyi onun yanında geçirmeye karar verdim. Tüm bir ay boyunca hastaneye sabah 4'de gelir, telleri tırmanır, görünmeden binaya girerdim ve çalışmaya başlardık. Tüm bir ay boyunca! O zamandan sonra Kabalist Baruh Şalom Halevi Aşlag, Baal HaSulam'ın en büyük oğlu, benim hocam oldu.

Hastaneden ayrıldıktan sonra, sık sık parklara uzun yürüyüşlere gittik. Bu yürüyüşlerden döndükten sonra duyduğum her şeyi harıl harıl yazardım. Bu sık yürüyüşler her gün üç dört saat sürerdi ve zaman içinde alışkanlık oldu.

İlk iki yıl boyunca hocama sürekli daha yakına taşınabilir miyim diye sordum, ama yakında oturmamın bir gereklilik olmadığını hatta Rehovot'a gidiş gelişlerimin manevi çalışma açısından çaba olduğunu söyledi. Ancak, iki yıl sonra hocam yakına taşınmamı ve Bney-Barak'ta yaşamamı kendisi tavsiye etti ve nedendir bilinmez pek bir acelem yoktu. O kadar yavaş hareket ediyordum ki bu konuda, hocam gidip benim için kendisine yakın bir apartman dairesi buldu ve taşınmamı söyledi.

Hâlâ Rehovot'ta yaşarken hocama daha önce katıldığım bir merkezde Kabala çalışmaya teşebbüs eden birkaç kişiye ders verebilir miyim diye sordum. Bu haberi fazla heyecanlı karşılamasa da daha sonraları derslerimin nasıl gittiğini sordu. Kendisine Bney-Barak'taki grubumuza yeni kişileri davet edebileceğimi söylediğim zaman kabul etti.

Sonuç olarak bir çok genç erkek grubumuza katıldı ve birden tüm merkez cıvıl cıvıl hayat dolu bir yer oldu. İlk altı ayda yaklaşık on kadar düğün oldu. Hocamın hayatı ve günleri sanki yeni bir anlam kazanmıştı. Birçok insanın Kabala çalışmak istediğini görmesi kendisini çok memnun etmişti.

Günümüz genellikle sabah saat 3'de başlardı ve sabah saat 6'ya kadar çalışırdık. Her gün sabah saat 9'dan 12'ye kadar parka yürüyüşe ya da denize giderdik.

Döndükten sonra ben evime çalışmaya giderdim. Sonra tekrar eve giderdim ve sabah saat 3'de tekrar derse katılırdım. Bu şekilde yıllarca devam ettik. Tüm dersleri kasete kayıt ederdim, derslerin kayıtları bini geçti.

Son beş yılımızda, 1987'den itibaren, hocam beraber Tiberias'a yolculuk etmemizin iyi olacağını söyledi ve her iki haftada bir iki günlüğüne Tiberias'a giderdik. Bizi herkesten ayıran bu geziler aramızda bir yakınlaşmaya sebep oldu. Ama zamanla aramızdaki manevi algılayışın farkından kaynaklanan mesafe içimde giderek büyümeye başladı ve bu mesafeyi nasıl kapatacağımı bir türlü bilemedim. Bu mesafeyi, o yaşlı adamın her defasında fiziksel bir ihtiyacı nasıl geri çevirerek mutlu olduğunu net olarak algılayabildiğimde görebiliyordum.

Onun için sonucun net olduğu bir şey kanundu, ister yorgun olsun ister hasta günlük çalışma programı son derece disiplinli uygulanıyordu. Yorgunluktan yığılacak bile olsa günün gerekli olan tüm planını her detayıyla eksiksiz yerine getirirdi ve üstlendiği hiçbir şeyi tam halletmeden bırakmazdı. Yorgunluktan nefessiz kalıp, nefes darlığı çekmesine rağmen bir dersini bile atlatmaz, sorumluluğunu hiçbir zaman bir başkasına devretmezdi.

Onun bu olağanüstü gücünün, amacının yüceliğinden ve Yaradan'dan geldiğini bilmeme rağmen, onu sürekli böyle gördüğümde kendime olan güvenim sarsılır ve başarılı olma ihtimalimin olmadığını düşünürdüm.

Onunla T'veria ve Meron dağına yaptığımız gezilerin bir anını bile unutmam mümkün değil. Uzun geceler onun karşısında oturur, bakışlarını, sözlerini ve mırıldandığı şarkıları içime alırdım. Bu hatıralar içimde hâlâ yaşıyor ve bugün bile benim yolumu belirleyip rehberlik ediyorlar. On iki yıl boyunca her gün bire bir çalışmamızdan içimde kalan tüm bilgi, bağımsız olarak yaşıyor ve işliyor.

Sık sık hocam bir konuşmasından sonra çok alakasız bir cümle söylerdi ve bunu bu cümlelerin dünyaya girip yaşaması ve işlevlerini yerine getirdiğinden emin olmak için yaptığını söylerdi.

Grup çalışması Kabalistler tarafından çok eski zamanlardan beri yapılmaktadır ve ben de hocamdan yeni gelenlerden böyle gruplar oluşturmasını ve bu grupların bir araya gelmelerini düzenleyecek yazılı bir plan talep ettim. Bu şekilde haftalık makale yazmaya başladı ve hayatının son günlerine kadar da devam etti.

Sonuç olarak bizlere kendisinden sonra bir araya getirdiğimiz bir çok ciltlik muazzam materyal kaldı ve yıllar boyunca biriktirdiğim kayıtlarla birlikte, Kabala ilmi üzerine çok geniş kapsamlı anlatımlar oluşturduk.

Yeni yıl kutlamaları esnasında, hocam aniden göğsündeki bir baskıdan dolayı rahatsızlandı. Ancak çok yoğun ısrardan sonra tıbbi bakıma girdi. Doktorlar kendisinde hiçbir hastalık ya da rahatsızlık bulamadılar, ama Tişrei ayının beşinci gününde 5752 (1991) yılında vefat etti.

Son yıllarda gruba katılan bir çok öğrenci hâlâ Kabala çalışmaya devam etmekte ve yaratılışın içsel anlamını araştırmaktadır. Öğreti yaşamaya devam etmektedir, tıpkı geçmiş yüz yıllarda olduğu gibi. Kabalist Yehuda Aşlag ve onun büyük oğlu, hocam Kabalist Baruh Aşlag, çabalarıyla bu öğretiyi bizim neslimizin ve zamanımızda dünyamıza inen ruhların ihtiyacına göre uyarladılar.

Manevi bilgi Kabaliste Yukarıdan kelimeler olmadan aktarılır ve tüm duyu organları ve akıl tarafından eş zamanlı algılanır. Dolayısıyla, bütünüyle anında algılanır.

Bu bilgi sadece bir Kabalistten, ya aynı ya da daha Üst Seviyedeki bir başka Kabaliste aktarılabilir. Aynı bilgiyi henüz o manevi seviyeye ya da manevi dünyaya gelmemiş bir insana aktarmak mümkün değildir, çünkü bu kişi gerekli algıdan yoksundur.

Bazen bir hoca kendi perdesiyle (Masah) öğrencisini geçici olarak kendi bulunduğu manevi seviyeye çekebilir. Bu durumda, öğrenci manevi güçlerin ve hareketlerin özüyle ilgili bir nosyon edinebilir.

Manevi dünyaya henüz geçmemiş bir kişi için standart bilgi aktarım yöntemleri uygulanır: yazılar, sözlü anlatım, direkt iletişim, kişisel örnek vs.

"Yaradan'ın İsimleri" adlı makaleden de bildiğimiz gibi harflerin tarifi anlamının ötesinde bir şey, yani içsel manevi mesajı aktarmak için kullanılabilir. Ancak kişi manevi anlamlarına tekabül eden algıları edinmediği sürece, kelimeleri okumak masaya boş tabaklar koymak ve yanlarına güzel yemeklerin isimlerini yazmak gibidir.

Müzik daha soyut bir şekilde bilgi aktarmaktadır. Bizim dünyamızı yöneten ve yedi kısımdan ya da Sefirot'tan oluşan manevi varlık "Atsilut'un Partsuf Zer Anpin'i" gerçeğinin ışığı altında, tıpkı görünebilen bir ışık gibi, yedi temel güç -nitelik- tondadır.

Bulunduğu duruma göre, kişi müziği besteleyen Kabalistin manevi koşullarını çıkarabilir. Bu kişi melodiyi oluşturan Kabalistle aynı seviyede olmak zorunda değildir; içsel manasını kişisel manevi derecesinin mümkün kıldığı kadarıyla kavrayabilir.

1996, 1998 ve 2000 yıllarında Baal HaSulam ve Rabaş'a ait üç müzik diski kaydedilmiş ve çıkartılmıştır. Melodiler Kabalist Laitman'ın hocası Kabalist Aşlag'dan duyduğu şekilde sunulmuştur. Sözlere ek olarak, melodilerin sesleri de bir çok Kabalistik bilgi taşımaktadır.

Kabala Bilimi - Herkes İçin Manevi İlim Kitabı

Çağımızın büyük Kabalistlerinden Yehuda Aşlag ve onun oğlu ve varisi Baruh Şalom Aşlag, yaşamın temel sorusuna cevap getirir: Hayatımın anlamı ne? Zohar ve Yaşam Ağacı kitaplarının yorumlarına dayandırılan bu kitapla günlük yaşamda Kabala ilminden nasıl faydalanacağımızı öğreniriz. Büyük Kabalistlerin otantik metinlerine ilave olarak, bu kitap, bu metinlerin anlaşılmasını sağlayan pek çok yardımcı makaleyle birlikte, Kabalistlerin deneyimlediği Üst Dünyaların evrimini betimleyen çizimlerden oluşur.

Kabala Bilimi kitabında, Baruh Aşlag'ın kişisel asistanı ve baş öğrencisi Michael Laitman, manevi dünyaları edinmeyi amaçlayan Kabala öğrencileri için kadim makaleleri uyarlamıştır. Laitman günlük derslerini bu ilham verici makalelere dayandırarak, Üst Alemlere muhteşem yolculuğumuzda izleyeceğimiz manevi yolu daha iyi anlamamız için bizlere yardımcı olur.

Merdivenin Sahibi

İnsanlık tarihinin en yıkıcı çağının şafağında, 20. yüzyılda, gizemli bir adam insanlık ve onun acılarının alışılmadık çözümüyle, sosyo-politik arenada ortaya çıktı. Kabalist Yehuda Ashlag, yazılarında açıklıkla ve tüm detaylarıyla öngördüğü savaşları, karışıklıkları ve daha çarpıcı olarak da bugün yüz yüze kaldığımız ekonomik, politik ve sosyal krizi anlattı. Birleşmiş bir insanlık için duyduğu derin özlem, onu Zohar Kitabını açmaya -ondaki eşsiz gücü- herkes için ulaşılabilir yapmaya zorladı.

Kabalist, kabala, maneviyat, özgür seçim ve realitenin algısıyla ilgili bildiğinizi düşündüğünüz her şeye arkasını dönen, sinematik bir romandır. En yüksek edinim derecesine ulaşmış, tüm realiteye hükmeden tek güçle direkt temas içindeki insanın, hissiyatını ve içsel çalışmasını aktarmaya çalışan kendi türündeki ilk romanıdır.

Kabalist, bilimsel bir açıklık ve şiirsel bir derinlikle birlik mesajı verir. Dinin, milliyetin, mistisizmin, uzay ve zamanın şeffaf yapısının ötesine geçerek, bize tüm insanlıkla beraber doğayla ahenk içinde olduğumuzda, tek mucizenin içimizdeki mucize olduğunu gösterir. Bize hepimizin Kabalist olabileceğini gösterir.

Ölümsüz Kitabın Sırları

Musa'nın beş kitabı, tüm zamanların en çok satan kitabı Tora'nın parçasıdır. Bu şekliyle Tora, şifreli bir metindir. Masalların ve efsanelerin altında, insanlığın en yüksek seviyeye doğru yükselişini— Yaradan'ın edinimi- anlatan bir alt metin saklıdır.

Ölümsüz Kitabın Sırları, Tora'nın Yaratılış ve İsrail Halkının Mısır'dan sürgünü hikayeleri gibi en gizemli ve sıklıkla alıntı yapılan dönemlerinin şifresini çözer. Yazarın enerjik ve kolay anlaşılır üslubu, insanın kendi dünyasını sadece arzu ve niyetle değiştirebildiği realitenin en derin seviyelerine, mükemmel bir giriş yapmanızı sağlar.

Kitabı okurken Tora'da anlatıldığı gibi olmuş veya olmamış fiziksel olayların seviyesinin ötesine geçiş yapacaksınız. İçinizde Firavun, Musa, Adem, Havva, hatta Habil ve Kabil'in olduğunu keşfedeceksiniz. Onların hepsi sizin bir parçanız. Onları içinizde keşfettikçe ve Ölümsüz Sevgiye, Yaradan'ın edinimine doğru ilerledikçe, bu gizli realitenin muhteşem hazineleriyle bizi ödüllendiren Yaradan'ın sonsuz sevgisini de keşfedeceksiniz.

Kişisel Çıkar Özgecilliğe Karşı

Bu kelimelerin yazıldığı zaman, dünya hala İkinci Dünya Savaşından beri en uzun gerileme sürecini geçiriyor. Tüm dünyada on milyonlarca insan, işlerini, birikimlerini, evlerini ve en önemlisi gelecekleri için olan ümitlerini kaybettiler.

Ancak krizler tarih boyunca sürekli olağandı. Bu krizi geçmiş krizlere kıyasla farklı kılan insanoğlunun şu anki gerginliğinin yapısıdır. Toplumumuz çatışma içeren iki uç noktaya doğru çekilmiştir – bir taraftan globalleşme ile gelen bağımlılık ve öteki taraftan da giderek büyüyen kişisel, sosyal ve politik narsizm. Bu koşul dünyanın daha önce hiç görmediği bir felaketin oluşumu!

Bu karanlık geleceğin önüne geçebilmek için, Kişisel Çıkar Özgeciliğe Karşı, bu dönemde dünyanın önünde bulunan sorunlarına yeni bir perspektif getirerek, insanoğlunun bir dizi hatasına bağlamaktansa, gereklilikten büyüyen egoizminin sonucu olarak değerlendirmektedir. Bu anlayışla, kitap egomuzu bastırmak yerine, toplumun iyiliği için kullanmanın gerekliliğini dile getirmektedir.

Kabala ve Bilim

Prof. Michael Laitman eşsiz ve etkileyici bir kişilik: Kabala ve bilimin sentezini anlaşılır bir şekilde gerçekleştiren yetenekli bir bilimadamı

—Daniel Matt, Tanrı ve Big Bang kitabının yazarı: Bilim, maneviyat ve Zohar arasındaki harmoniyi keşfetmek.

Bu gezegendeki geleceğimiz için kritik tercihler yapacağımız bir dönemde, kadim Kabala bilgeliği seçeneklerimizi hem arttırdı hem de yeniledi. Klasik kutsal yazılarda yer alan bilgelik, yüzleşmekte olduğumuz ve önümüze açılan fırsatları taşıyabilmemiz için getirilmeli ve bu mesaj tüm dünyada tüm insanlara ulaşılabilir yapılmalı. Prof. Michael Laitman, diğerlerinden farklı olarak bu çok önemli meydan okumayı başarmaya ve bu tarihi görevi yerine getirmeye yetecek güçtedir.

—Prof. Ervin Laszlo, Kaos Noktası, Bilim ve Akaşik Alan kitabı da dahil 72 kitabın yazar : Herşeyin Birleşik Teorisi

Kadın ve Kabala

Bir arzu sonucu ortaya çıkanı ellerinizde tutuyorsunuz. Birçok kadın bir araya gelerek, yeni gelen bütün kadınlara Kabala çalışmasında yardımcı olabilmek için bu kitapçık üzerinde çalıştı. Toplanan soruların tümü Bney Baruh Kabala Eğitim Merkezine yeni başlamış olan kadın öğrencilerin sordukları sorulardan olulmaktadır. Cevaplar Dr. Laitman'ın kitaplarından, derslerinden ve konuşmalarından alınmıştır. Sorulan sorular bizim maneviyatı edinmek isteme ihtiyacımızdan ortaya çıkmıştır: bizler buna açız, kalplerimiz bunun ağırlığında haykırıyor. Bizler kendimizi her şeyi yapabilecek duruma hazır, amaca doğru erkeklerimizi desteklemeye hazır buluyoruz.

Dr. Laitman bize der ki: "Kadınların karşılıklı sorumluluk hissiyatı içerisinde erkekleri uyandırmak ve onları bir araya getirmek için bağ kurmaları gerekir ki, erkekler birbirleri ile bağ kursunlar ve bu birlik sayesinde maneviyata erişsinler. Daha sonra erkekler arasındaki bu bağ ve karşılıklı sorumluluk sayesinde maneviyat kadınlara da geçecektir. Bunun sonucunda herkes bir bütün olacaktır –ulusun erkek ve dişi parçası veya bütün insanlığın."

Işığın Tadı

"Bu nesilde bulunduğum için mutluyum zira artık Kabala Bilgeliğini yaymak mümkün."

Kabalist Yehuda Aşlag – Baal HaSulam

Binlerce yılın sonunda gizli olan Kabala Bilgeliği bizim neslimizde ifşa olmaya başladı. "Işığın Tadı" adlı bu kitap bilgeliğin üzerine bir pencere açmakta. Kitap, günümüzün her bireyi için ilk defa duygularında tadacağı bir lezzet ve kalplerinde yoğun bir anlayış sağlayacaktır.

Bu kitap neslimizin en yüce kabalisti Dr. Michael Laitman'ın her sabah verdiği canlı derslerden derlenmiştir.

Kabalanın Sesi

Bizim neslimizin en sonuncusu olan Büyük Kabalist Baruh Aşlag'ın öğrencisi ve kişisel asistanı olmak benim için çok büyük bir ayrıcalıktır. Basitçe söylemek gerekirse, tüm içtenlik ve sevgimle ondan öğrendiklerimi okuyucularla paylaşmaktan çok mutlu olacağım.

Dr. Michael Laitman

Kabala'nin Sesi, Kabala makalelerinden seçilerek ve derlenerek hazırlanmış olup, bu otantik bilgeliğin zengin ve tam bir mozaiğini meydana getiren on bölümden oluşmaktadır.

Bir Demet Başak Gibi

Neden Birlik ve Karşılıklı Sorumluluk Bu Zamanın Çağrısıdır

Bu kitap, bazı Yahudilerin en ürkütücü ve gizemli sorularına ışık tutar: Bu gezegendeki rolümüz nedir? Bizler gerçekten "seçilmiş insanlar mıyız?" Eğer öyle isek, ne için seçildik? Anti-Semitizme neden olan nedir ve bu iyileştirilebilir mi?

Tüm zamanların Yahudi tarihçileri ve bilgelerinin sayısız referansının kullanıldığı bu kitap, Yahudilerin ulaşmak istediği ama bir o kadarda tanımlaması zor hedefini yerine getirmek için bir yol haritası sunar: sosyal bağlılık ve birlik. Gerçekte birlik, yalnızca Yahudilerin bunu sabırsızlıkla bekleyen dünyaya vereceği bir hediyedir.

Birlik olduğumuzda ve bunu tüm dünyayla paylaştığımızda huzur, kardeş sevgisi ve mutluluk tüm dünyada sonsuza kadar hüküm sürer.

Kabalaya Uyanış

Dünyanız değişmeye hazır. Bu neslin en büyük Kabalistinin rehberliğinde sizde bunu gerçekleştirin. Micheal Laitman, Kabalayı Yaradan'a yaklaşmayı sağlayan bir bilim olarak görür. Kabala yaratılış sistemini, Yaradan'ın bu sistemi nasıl yönettiğini ve yaratılışın bu seviyeye nasıl yükseleceğini çalışır. Kabala manevi doyuma ulaşma metodudur. Kabala çalışması ile siz de kalbinizi ve sonuç olarak yaşamınız başarıya, huzura ve mutluluğa doğru nasıl yönlendireceğinizi öğrenirsiniz.

Kadim ilim geleneğine bu farklı, özel ve hayranlık uyandıran girişiyle büyük Kabalist Baruh Aşlag (Rabaş)'ın öğrencisi Laitman bu kitapta, size Kabalanın temel öğretilerinin derin anlayışını ve bu ilmi başkalarıyla ve etrafınızdaki dünyayla ilişkilerinizi netleştirmek için nasıl kullanacağınızı anlatır. Hem bilimsel hem de şiirsel bir dil kullanarak, maneviyatın ve varoluşun en önemli sorularını araştırır:

Hayatımın anlamı ne? Neden dünyada keder var? Reenkarnasyon manevi yaşamın bir parçası mı? Mümkün olan en iyi varoluş aşamasını nasıl edinebilirim?

Bu eşsiz rehber, dünyanın ötesini ve günlük hayatın sınırlamalarını görmeniz, Yaradan'a yaklaşmanız ve ruhun derinliklerine ulaşmanız için size ilham verecek.

Erdemliliğin Yolu

Bugün Kabala Bilgeliğinin insanlığa bir mesajı var:

Günümüzün sorunlarını ancak birlik ve beraberlikle çözüme ulaştırabiliriz. Problemler raslantısal değil, onları gözardı etmemeliyiz. Dahası, oluşan durumu doğru bir biçimde değerlendirebilirsek hayatımız yeni, mutluluk ve sükunet dolu bir yöne akmaya başlayacaktır. Gelişi güzel değil, gayet bilinçli bir şekilde yaşamımıza yön verebiliriz.

Üst Dünyaları Edinmek

Micheal Laitman'ın sözleriyle, "Özü tam bir özgecilik ve sevgi olan manevi nitelikleri anlamak, insan idrakinin ötesindedir. Bunun sebebi insanoğlunun bu tip hislerin var olabileceğini kavrayamaması ve herhangi bir eylemi yerine getirmek için teşvik bekleyip, kişisel kazanç olmadan kendini büyütmeye hazır olmamasından kaynaklanmaktadır. Bu sebeple özgecilik gibi bir nitelik, insana Üstten verilir ve sadece deneyimleyenler bunu anlayabilir."

Üst Dünyaları Edinmek, yaşamımızda manevi yükselişin muhteşem doyumunu keşfetmemize olanak sağlayan ilk adımdır. Bu kitap, sorularına cevap arayan ve dünya fenomenini anlamak için güvenilir ve akılcı bir yol arayan tüm insanlar içindir. Kabala ilmine bu muhteşem giriş, aklı aydınlatacak, kalbi canlandıracak ve okuyucuyu ruhunun derinliklerine götürecek olan farkındalığı sağlar.

Zoharın Kilidini Açmak

Zohar Kitabı(Aydınlığın Kitabı), şimdiye kadar yazılmış en gizemli ve yanlış anlaşılan yapıtlardan biridir. Yıllar boyunca kendinde uyandırdığı hayranlık, şaşkınlık ve hatta korku emsalsizdir. Bu kitap tüm Yaratılışın sırlarını içermesine rağmen, bugüne kadar bu sırların üzeri bir gizem bulutuyla örtülmüştür.

Şimdi Zohar, insanlığa yol göstermek için ilmini tüm dünyanın gözleri önüne sermektedir, şöyle yazıldığı gibi (VaYera, madde 460), "Mesih'in günleri yaklaştıkça, çocuklar bile ilmin sırlarını keşfedecek." 20. Yüzyılın büyük Kabalistlerinden Yehuda Aşlag (1884-1954), bize Zohar'ın sırlarını açığa çıkaracak yepyeni bir yol göstermiştir. Bu yüce Kabalist, yaşamlarımıza hükmeden güçleri bilmemize yardım edecek ve kaderimize nasıl hükmedeceğimizi öğretecek, Zohar Kitabına giriş niteliğindeki dört kitabı ve Sulam (Merdiven) Tefsirini yazmıştır.

Zohar'ın Kilidini Açmak, üst dünyalara nihai yolculuğun davetiyesidir. Kabalist Dr. Michael Laitman, bilgece bizi Sulam Tefsirinin ifşasına götürür. Bu şekilde Laitman, düşüncelerimizi düzenlemekte ve kitabı okumaktan kaynaklanan manevi kazancımızı arttırmaktadır. Zohar Kitabıyla ilgili açıklamaların yanı sıra kitap, bu güçlü metnin kolay anlaşılması ve okunmasını sağlayan, özenle çevrilmiş ve derlenmiş Zohar kaynaklı sayısız ilham verici alıntıya da yer vermiştir.

Kalpteki Nokta

Hayatın elimizden kayıp gittiğini hissettiğimizde, toparlanmak için zamana ihtiyacınız olduğunda ve düşüncelerinizle baş başa kalmak istediğinizde, bu kitap içinizdeki pusulayı yeniden keşfetmenize yardım edecek. Kalpteki Nokta, ilmi sayesinde tüm dünyada ve Kuzey Amerika'da kendini ona adamış öğrenciler kazanmış bu insanın makalelerinden oluşan eşsiz bir kitaptır. Dr. Michael Laitman bir bilim adamı, Kabalist ve büyük saygı uyandırarak kadim ilmi temsil eden büyük bir düşünürdür. Bu fırtınalı günlerde popüler www.kabbalah.info sitesi vasıtasıyla, gerçeği ve sonsuz huzuru arayanlar için umut ışığı olmaktadır.

Açık Kitap

Bu kitap çok temel görünse de, Kabala'nın temel bilgisini ifade eden bir kitap olma niyetini taşımıyor. Daha ziyade, okuyucuların Kabala kavramlarına, manevi nesnelere ve manevi terimlere yaklaşımını ilerletmeye yardım içindir.

Kişi bu kitabı defalarca okuyarak içsel görüş ve duyu geliştirir ve daha önce içinde var olmayana yaklaşır. Bu yeni edinilen görüşler, sıradan duyularımızdan gizlenmiş olan boşluğu hisseden algılayıcılar gibidirler.

Dolayısıyla, bu kitap manevi terimlerin düşüncesini geliştirmeye yardım amaçlıdır. Bu terimlerle bütünleştiğimiz ölçüde, tıpkı bir sisin kalktığı gibi, etrafımızı saran manevi yapının ortaya çıkışını içsel gücümüzle görmeye başlayabiliriz.

Yine, bu kitap olguların çalışılmasını hedeflememiştir. Bunun yerine, yeni başlayanların sahip oldukları en derin ve en güç algılanan hisleri uyandırmak için yazılmış bir kitaptır.

Dost Sevgisi

Grubun Amacı

Burada, Baal HaSulam'ın yolunu ve metodunu takip etmek isteyen herkes, bir grup olmak için bir araya geldik ki hayvan olarak kalmayalım ve insan denilen varlığın derecelerinde yükselelim.

Rabaş'ın Yazıları, 1. Bölüm, "Topluluğun Amacı"

Erdemliliğin İncileri

Erdemliğin İncileri, tüm nesillerin büyük Kabalistlerinin yazılarından, makalelerinden özellikle de Zohar Kitabının Sulam(Merdiven) Tefsirinin yazarı Yehuda Aşlag'dan derlenen alıntılardan oluşur. Bu yapıt, kaynağı referans alarak, insan yaşamının her aşamasıyla ilgili Kabalanın yenilikçi kavramlarını açıklar. Kabala çalışmak isteyen herkes için eşsiz bir hediyedir.

İlişkiler

"Bilim ve kültürün gelişiminin yanı sıra, her nesil kendinden sonra gelen nesle, biriktirdiği ortak insanlık tecrübesini aktarır. Bu bellek bir nesilden diğerine, çürümüş bir tohumun enerjisinin yeni bir filize geçmesi gibi geçer. Belleğin aktarımında var olan tek şey, Reşimo veya enerjidir. Maddenin çürümesi gibi, insan bedeni de çürür ve tüm bilgi yükselen ruha aktarılır. Daha sonra bu ruh yeni bedene yerleşir ve bu bilgiyi veya Reşimo"yu hatırlar.

Genç bir çiftin çocuğunun dünyaya gelişinde tohumdan gelen bilgiyle, ölmüş bir insanın ruhunun yeni bir bedene geçerken beraberinde getirdiği bilgi, arasındaki fark nedir? Neticede anne ve baba hayatta ve çocukları da onlarla beraber yaşıyor! Hangi ruhlar, onların çocukları oldu?

Yüzyıllar boyunca tüm uluslar, doğal olarak sahip oldukları tüm bilgiyi miras yoluyla çocuklarına geçirmek için büyük bir arzu duydular. Onlara en iyi ve en değerli olanı aktarmak istediler. Bunu aktarmanın en iyi yolu yetiştirme tarzı, bilgiyi öğretmek, kutsal olduğu düşünülen fiziksel eylemler yöntemi ile düzenli toplum oluşturmaya çalışmak değildir.

Kabalanın Temel Kavramları

Bu kitabı okuyarak kişi daha önce var olmayan içsel alametler geliştirir.

Bu kitap, manevi terimlerin analizini hedefler. Bu terimlere uyumlu olmaya başladıkça, etrafımızı saran manevi yapının tıpkı bir sisin kaybolmaya başlaması gibi örtüsünü açmaya başladığına tanık oluruz.

Kabala kitapları, Baal HaSulam'ın dünyayı kötülüklerden kurtarmanın sadece ıslah metodunu yaymaya bağlı olduğunu belirten yönlendirmelerini izlemeyi amaçlamıştır, tıpkı şöyle dediği gibi, "Eğer gizli olan ilmi kitlelere nasıl yayacağımızı bilirsek, kurtuluşun tam eşiğindeki bir nesil oluruz."

Bu gerçekleştirmenin tek yolu olan Kabala kitaplarını tüm dünyayla paylaşmak olduğunu biliyoruz. Bu sebeple tüm bu kitapları internette ücretsiz olarak yayınlıyoruz. Amacımız her köşeye bu ilmi mümkün olduğunca yaymaktır. Basılmış kitapları pek çok insana ulaştırabilir, onlar vasıtasıyla ilmin başkalarına yayılmasına yardım edebilirsiniz.

Kabalanın İfşası

Kabalaya gizli ilim denilmesinin 3 nedeni vardır. Birincisi kabalistler tarafından özellikle gizlenilmiş olduğundan. Kabalanın insanlara öğretilmesi ilk 4000 yıl kadar öncelerine Hazreti İbrahim'e dayanmaktadır MÖ 1947-1948 yıllarına. Milat tarihinin başlangıcına kadar geçen 2000 yıllık süreçte bu öğreti gizlenmeden halka öğretilmekteydi. Hz İbrahim'in çadırının önünde oturup geçen yolculara gösterdiği misafirperverlik hikâyesini biliyoruz. Sunduğu yiyecek ve içeceklerle birlikte aynı zamanda insanlara bu ilmi anlattığını da biliyoruz. O dönemlerde var olan ruhlar bizim neslimize göre daha arıydılar ve bu öğretiyi daha doğal olarak anlayabildiler.

Kabalanın Gizli Bilgeliği

Artan krizler dünyasında, fırtınanın ortasında bir ışığa, yanlış giden şeylerin nereden kaynaklandığını görmemizi sağlayan ve en önemlisi de dünyamızı ve yaşamlarımızı daha huzurlu ve yaşanabilir kılmak için ne yapmamız gerektiğini öğreten bir rehbere ihtiyacımız var. Bu temel ihtiyaçlar sebebiyle bugün Kabala ilmi milyonlara ifşa olmuştur. Kabala, yaşamı geliştirme metodu olarak düzenlenmiştir. Kabala bir araç ve Kabala İlminin Gizli Bilgeliği bu aracı nasıl kullanacağımızı öğreten bir yöntemdir. Bu rehber, bu kadim bilimi günlük yaşantımıza uyarlamanın yanı sıra, Kabalanın temellerini öğrenmek için ihtiyacınız olan bilgiyi bize sunar.

Kaostan Ahenge

Kaostan Ahenge: Kabala İlmine Göre Küresel Krizin Çözümü, dünyanın bugün içinde bulunduğu endişe verici aşamasına yol açan unsurları açığa çıkarır.

Birçok araştırmacı ve bilim adamının hemfikir olduğu gibi, insanoğlunun sorunlarının kaynağı insan egosudur. Laitman'nın çığır açan yeni kitabı sadece insanlık tarihi boyunca tüm acıların kaynağı olan egonun ifşasını değil, aynı zamanda egolarımıza bağlı olarak, mutluluğa nasıl ulaşacağımızı ve sorunlarımızı nasıl fırsata dönüştüreceğimizi de açıklığa kavuşturur. Kitap iki bölümden oluşur. İlki, insan ruhunun analizi yaparak, ruhun nasıl egonun zehri olduğunu ortaya koyar. Bu kitap mutlu olmak için yapmamız gerekenlerin ve acıya sebep olduğu için kaçınmamız gerekenlerin bir haritasını çizer. Kitap boyunca Laitman'ın insanlık aşamasının analizi bilim kaynaklı veriler, çağdaş ve kadim Kabalistlerinden alınan örneklerle desteklenmiştir.

Kaostan Ahenge yeni bir varoluş aşamasına kolektif olarak yükselmemiz gerektiğini ve bu hedefi kişisel, sosyal, ulusal ve uluslararası seviyede nasıl başaracağımızı gösterir.

Niyetler

Derste otururken, sizinle beraber çalışanlar vasıtasıyla uyanan müşterek ruha bağlı olarak içsel değişimleri deneyimlersiniz. Herkes, siz de dahil, hepimizi birleştiren Kaynağa bağlanır... Beraber çalıştıkça hepimiz birbirimize bağlanmaya çalışırız. En önemli şey, herkesin aynı Kaynağa, aynı düşünceye bağlanmasıdır... Sadece bu güç bizi birbirimize bağlar.

Ruh ve Beden

Zamanın başlangıcından beri insan, varoluşun temel sorusuna cevap aramaktadır: Ben kimim, dünyanın ve benim var olmamızın sebebi ne, öldükten sonra bize ne oluyor? Hayatın anlamı ve amacı ile ilgili sorularımız, gündelik hayatın sınamaları ve acıları, küresel bir boyuta ulaştı – neden acı çekmek zorundayız? Bu sorulara cevap olmadığından, mümkün olan her yöne doğru araştırmalar yapılmaktadır.

Kadim inanç sistemleri, şimdilerde moda olan doğu öğretileri, bu arayışın bir parçasıdır. İnsanlık sürekli olarak varlığının akılcı kanıtını aramaktadır; insan binlerce yıldır doğanın kanunlarını araştırmaktadır.

Kabala bir bilim olarak bunun araştırılmasında bir yöntem öneriyor. Bu yöntem, insanın evrenin gizli olan bölümünü hissetme becerisini geliştirmesine olanak tanıyor. "Kabala" kelimesi "almak" demektir ve insanın en yüksek bilgiyi alma ve dünyayı doğru pencereden görme özlemini ifade eder.

Yarının Çocukları

Yarının Çocukları: 21. Yüzyılda Mutlu Çocuklar Yetiştirmenin Temel Esasları, siz ve çocuklarınız için yeni bir başlangıç olacaktır. Yeniden başlat düğmesine basabilmeyi ve bu sefer doğru olanı yapmayı hayal edin. Hiçbir mücadele, hiçbir sıkıntı ve en iyisi, hiçbir tahmin yok.

Büyük keşif şudur ki çocukları yetiştirmek, tamamen oyunlardan, onlarla oynamaktan, onlarla küçük yetişkinlermiş gibi ilişki kurmaktan ve tüm önemli kararları birlikte almaktan ibarettir. Çocuklara dostluk ve diğer insanların iyiliğini düşünmek gibi olumlu şeyleri öğretmekle, nasıl otomatik olarak günlük hayatınızın diğer alanlarını da etkilediğinizi görünce şaşıracaksınız.

Herhangi bir sayfayı açın ve orada, çocukların yaşamlarına ait her alana dair düşünceleri sorgulatan sözler bulacaksınız: ebeveyn – çocuk ilişkileri, dostluklar ve sürtüşmeler, okullar nasıl tasarlanır ve nasıl işler konusunda açık, net bir tablo. Bu kitap, her yerdeki tüm çocukların mutluluğunu amaç edinerek, çocukların nasıl yetiştirileceğine dair taze bir bakış açısı sunuyor.

Sonsuza Kadar Birlikte

Yani, eğer bir gün siz de kalbinizin derinlerinde, hafif bir "Şak!" hissederseniz, bilin ki şefkatli ve bilge bir sihirbaz size sesleniyor, çünkü sizin dostunuz olmak istiyor.

Ne de olsa, yalnız olmak çok üzücü olabilir.

İNTERNET AĞIMIZ

Ana sitemiz:

http://www.kabala.info.tr/

İlk internet sitemiz olup en temel dokümanların yayınlandığı portal sitemizdir. Kabala hakkında Türkçe olarak yayında olan dünyadaki en büyük doküman arşivi olarak kabul edilebilir.

Dr. Michael Laitman'ın Blog Sitesi:

http://laitman.info.tr/

Hocamız Dr. Michael Laitman'ın günlük derslerinden derlediği kısa makalelerinin yayınlandığı blog sitedir.

Bu blog sitesi şu an 19 dilde yayın yapmaktadır ve Türkiye'deki öğrenci ve dostlarımızın katkılarıyla site Türkçe olarak da yayınlanmaktadır.

Dr. Michael Laitman'ın Eğitim Sitesi:

http://michaellaitman.com/tr/

Bu sitede Dr. Michael Laitman'ın uluslararası kamuoyunda dile getirdiği güncel sorunlara yönelik sunumlarını ve bu konularla ilgili uzmanlarla yaptığı söyleşileri takip edebilirsiniz.

Dr. Laitman, eğitim metodoloji ve uygulamaları ile günümüzde eğitimin geçirdiği en sıkıntılı dönemlerde olumlu değişimi desteklemektedir. Eğitime yeni bir yaklaşım sunarak, bağımlı ve integral dünyada yaşamın gereklilikleri için eğitime yeni bir yaklaşım sunmaktadır.

ARI Enstitü Merkezi:

http://ariresearch.org/tr/

ARI Enstitüsü, kâr amacı olmayan bir organizasyon olarak kurulmuştur. Eğitim uygulamalarına, pozitif değişime yaratıcı fikirler ve çözümlerle, şimdiki neslimizin giderek daha çok ihtiyaç duyduğu eğitim konularına kendini adamış bir organizasyondur. ARI, entegre ve birbirine bağlı yeni dünya düzeninin ve kurallarının farkına varılmasını ve küresel yeni dünyada uygulanmasını yeni bir düşünce yaklaşımı olarak sunmaktadır. İletişim ağları, multimedya kaynak ve aktiviteleriyle, ARI uluslararası ve farklı akademik çalışma grupları arasında işbirliğini desteklemektedir.

Kabala İlmi Eğitim Sitemiz:

http://em.kabala.info.tr/

Bu site internet olanakları kullanılarak en geniş kapsamlı eğitimi insanlara sunmak için yapılmıştır. İnternet ortamında bulunan sınıflar ve dünyanın en geniş kapsamlı Kabalistik metinler kütüphanesi gibi hizmetler sunan Bney Baruh'un tüm çabası, sorularınıza cevaplar bulabileceğiniz ve içinde yaşadığımız dünyayı daha iyi anlayabilmenizi sağlayacak olan bir ortam yaratabilme üzerine yoğunlaşmaktadır. Tüm kurslar ücretsizdir.

Media Arşivi:

http://kabbalahmedia.info/

Bu sitemizde yıllardır işlenmekte olan tüm ders, çalıştay ve söyleşi programlarının video ve MP3 arşivine ücretsiz olarak ulaşabilirsiniz.

Kabala TV Sitesi:

http://kabalatv.info/

Her sabah 03:00 – 06:00 arası yapılan canlı dersleri bu sitenin ana sayfasından takip edebilirsiniz. Ayrıca bu sitede Bney Baruh Kabala Eğitim Merkezi'nin Türkçe dilinde düzenlediği tüm video arşivini inceleyebilirsiniz. Bu sitede ayrıca 24 saat canlı yayın yapan TV odası ve aynı zamanda belirli zamanlarda canlı yayın yapan Radyo odasına ulaşabilirsiniz.

Sviva Tova – İyi Çevre:

http://kabbalahgroup.info/internet/tr/

Bu sitede Bney Baruh dünya topluluğu ile ilgili günlük bildirimleri takip edebilirsiniz. Bu bildirimler sayesinde tüm etkinliklerimizden haberdar olup bu etkinliklere internet üzerinden dâhil olabilirsiniz.

Ari Film:

http://www.arifilms.tv/

Ari Film yapımcılarının Kabala İlmi hakkında gerçekleştirmiş oldukları tüm sinema ve video çalışmalarına bu site aracılığıyla ulaşabilirsiniz.

Kitap Sitemiz:

http://www.kabbalahbooks.info/

30 farklı dilde yayınlanmış tüm kitapları bu sitede inceleyebilirsiniz.

Müzik Sitemiz:

http://musicofkabbalah.com/

Her birimiz müziği farklı algılarız. İki kişinin aynı melodiyi nasıl algıladığını karşılaştırmak mümkün değildir. Kabala, ruhun ilmi, bu nedenden dolayı kişiye özeldir. Kabala ruhun tümüyle açılıp, yaratıldığı zaman içinde mevcut olan mutlak potansiyeline ulaşması için bir yoldur.

Bu sitede yer alan melodiler, çok büyük kabalistlerden biri olan Baal HaSulam ve geçmişteki Kabalistlerin yaptıkları bestelerin farklı değişimleriyle düzenlenmesinden oluşmuştur. Ziyaretçiler ayrıca müzik ve Kabala ile ilgili bazı materyallere bağlantı bulabilirler.

Sosyal Ağlar:

Tüm sosyal ağlarımızın kısa linklerine sitelerimize girerek ulaşabilirsiniz.

Katkı Sunun

Kabala İlmi bir grup çalışmasıdır. Dünya'nın birçok ülkesinde grupları bulunan Bney Baruh Kabala Eğitim Enstitüsü tüm faaliyetlerini öğrencilerinin gönüllü katkıları ile sürdürmektedir. Bu katkılar bireylerin niteliklerine göre değişmektedir. Sitemizde de incelediğiniz gibi Bney Baruh, prensipleri gereği, kullanılabilecek tüm Öğrenim Araçları ile Manevi Bilgi'yi öncesinde hiç bir ön koşul öne sürmeden tüm insanlığa ücretsiz olarak götürmeyi kendisine ilke edinmiştir.

Bu doğrultuda Manevi Dağıtıma katkı sunmak isteyenler **turkish@kabbalah.info** adresine yazarak Bney Baruh ile iletişime geçebilirler.

NOTLARIM

www.ingramcontent.com/pod-product-compliance
Lightning Source LLC
Chambersburg PA
CBHW071234080526
44587CB00013BA/1613